Villes et Communes belges
...lles -:- 3bis, rue de la Régence
Publication no 17

P. OTLET & L. WOUTERS

MANUEL DE LA BIBLIOTHÈQUE PUBLIQUE

02 (02)
indice bibliographique

6e MILLE

Publication no 133
de la collection de
l'Institut International
de Bibliographie

NUMERALPHA

FLEXA

Système de Classement

(lettres, fiches, etc.)

En usage dans la plupart des firmes du monde

NOMBREUSES RÉFÉRENCES EN BELGIQUE

CATALOGUE GRATIS

Exposition permanente

Ancienne Maison HERINCX, S. A.

8 - 10, Marché-aux-Herbes-Potagères

BRUXELLES

Union des Villes et Communes belges
Bruxelles -:- 3bis, rue de la Régence
Publication n° 17

P. OTLET & L. WOUTERS

MANUEL DE LA BIBLIOTHÈQUE PUBLIQUE

02 (02)
indice bibliographique

3e ÉDITION

Publication n° 133
de la collection de
l'Institut International
de Bibliographie.

TABLE DES MATIÈRES

N.-B. — La division systématique de cette table est représentée dans l'ouvrage par le même numérotage décimal des chapitres, sections, paragraphes, etc. Ainsi la division relative à la *Physiologie de la lecture* est rubriquée 139, ce qui signifie : 1er *chapitre*, le Livre, la Lecture, 3e *section*, la lecture en particulier, 9e *paragraphe*, Physiologie de la lecture.

AVERTISSEMENT.

La loi belge de 1921 est venue donner, en Belgique, une organisation légale aux Bibliothèques. Elle est le résultat d'un mouvement déjà ancien en faveur d'une lecture mieux organisée. Quatre circonstances récentes ont précipité ce mouvement :

1° La restauration nationale ne se conçoit point raisonnablement sans restauration intellectuelle ;

2° L'introduction de la journée de huit heures doit avoir pour corollaire d'offrir aux travailleurs l'emploi utile et sain de leurs loisirs nouveaux ;

3° La vie chère élevant le prix des livres en raréfie l'achat individuel et justifie l'organisation des services collectifs ;

4° Dans l'âpre lutte économique qui s'organise actuellement c'est le plus fort qui triomphera et le plus fort c'est celui dont le cerveau sera le meilleur.

On ne saurait organiser de bonnes lectures publiques qu'en réorganisant et en multipliant les bibliothèques publiques et celles-ci ne peuvent se développer que si elles sont dirigées par un personnel compétent, initié aux meilleures méthodes.

La loi a voulu, qu'à l'avenir, la direction des bibliothèques publiques fût confiée à des bibliothécaires possédant la compétence et la technicité voulues.

Elle a organisé un examen de candidats bibliothécaires. Un programme officiel en 15 points et 47 questions a été arrêté pour cet examen.

La présente publication a vu le jour à l'occasion du Cours de Bibliothèque qui a été donné à Bruxelles en vue de préparer à cet examen.

Lors de sa première édition (avril 1922) nous écrivions : « C'est un syllabus et un syllabus n'est qu'un moyen de mémoriser des leçons. Ce n'est pas un manuel, encore moins un traité. Condensé en quelques pages, il suffit qu'il présente une classification des questions envisagées, qu'il donne des définitions, qu'il énonce les corrélations existantes, qu'il fasse référence à des lectures à faire et à des sources à consulter. Il peut donc être formé, suivant les cas, de textes courants, de simples énumérations en style télégraphique, de tableaux synoptiques et comparatifs, de schémas et de figures. Les notes et tableaux qui servent de base à ce syllabus fournissent le développement d'une partie des leçons. Ils ont été choisis à raison de leur opportunité, au moment initial d'un mouvement qui se dessine et qui prépare, dans le pays, l'organisation systématique de la lecture ».

Après quelques mois, la première édition de ce cours s'est trouvée épuisée et il a fallu en préparer une deuxième. Elle offre le premier texte, dans la structure même qui lui a été donnée, mais un texte revu, précisé et, en certains chapitres, remanié et développé. C'est toujours le cours primitif, ce n'est pas un traité.

Le cours s'est proposé de répondre au programme officiel tout en n'en suivant pas l'ordre. L'exposé méthodique des matières, distinct d'un simple programme permet, en effet, de partir des idées générales et en y insistant, de rattacher chaque matière particulière à des prin-

cipes et d'approfondir les raisons des méthodes préconisées.

Dans une première partie, on a traité du Livre et de la Lecture en général; dans une deuxième partie de la manière d'organiser et de faire fonctionner techniquement une Bibliothèque; dans la troisième partie, des questions administratives et des relations externes; dans la quatrième partie, du Bibliothécaire, de la Science du Livre et de l'Organisation générale du Livre.

Présentée sous cette forme et s'inspirant des méthodes générales comparées, codifiées par l'Institut International de Bibliographie, cette publication pourra être utile à tous ceux qui ont intérêt aux choses du Livre et à leur bonne organisation.

1. LES LIVRES ET LA LECTURE.

Les livres existent par eux-mêmes avant de faire partie d'une bibliothèque, et leur lecture est individuelle avant d'être organisée sous une forme collective. En exposant d'abord ce qui concerne le livre et la lecture, on simplifie l'exposé de ce que doit être la Bibliothèque.

11. LES LIVRES.

Les livres — étant entendu par ce terme générique les manuscrits et imprimés de toute espèce qui, au nombre de plusieurs millions, ont été composés ou publiés sous forme de volumes, de périodiques, de publications d'art — constituent dans leur ensemble la Mémoire matérialisée de l'Humanité, en laquelle jour par jour sont venus s'enregistrer les faits, les idées, les actions, les sentiments, les rêves, quels qu'ils soient, qui ont impressionné l'esprit de l'homme.

Les livres sont devenus les organes par excellence de la conservation, de la concentration et de la diffusion de la Pensée, et il faut les considérer comme des instruments de recherche, de culture, d'enseignement, d'information et de récréation. Ils sont à la fois le réceptacle et le moyen de transport des idées.

Le développement de la production, le bon marché et l'excellence des éditions, la variété des matières traitées, la refonte à intervalles rapprochés des ouvrages fondamentaux selon des ensembles de plus en plus complets, de mieux en mieux ordonnés, ce sont là des circonstances qui concourent à accroître l'importance du rôle social des livres.

111. Notion et Définition du Livre.

a) *Définitions littéraires diverses.*

L'homme passe, le livre reste. — Le livre porte aux générations futures la lumière, la consolation, l'espérance et la force (Milton.) — L'imprimerie c'est l'artillerie de la pensée. (Rivarol.) — Le livre forme un cercle distingué, nullement bruyant, mais toujours vivant, dans l'intimité duquel on se repose à loisir. (Montaigne.) — Les livres réalisent la conversation imprimée. (Ruskin.) — Les livres sont des amis muets qui parlent aux sourds. (Proverbe flamand.) — L'organisation humaine la plus puissante, l'avantage le plus grand pour une société, c'est la mise à la portée de tous des trésors du monde emmagasinés dans les livres. (Carnegie.) — La littérature est le souffle vital de la civilisation, le sel du corps social. (Wells.)

d) *Terminologie du livre.*

Comme toute science et toute technique, le livre a sa terminologie faite d'expressions propres et de termes employés dans le langage courant. Il importe de la connaître. On l'apprend, non pas en parcourant des listes alphabétiques de termes, comme en un dictionnaire ou vocabulaire. Il faut les acquérir en procédant ainsi : examen du livre lui-même, analyse de ses caractéristiques, définitions qui coordonnent celles-ci, termes qui dénomment les définitions, la systématisation de ces termes. La terminologie ainsi comprise n'est pas distincte de l'exposé même des matières.

112. Analyse des caractéristiques du livre.

Du nombre immense des livres existants on dégage la notion analytique du livre. Il faut envisager les caractéristiques du livre à la manière dont le naturaliste considère les espèces animales, végétales et minérales. La conception d'un type général et abstrait, le livre, s'en dégage comme la Zoologie, la Botanique, la Minéralogie, conçoivent l'animal parallèlement aux animaux, la plante parallèlement aux plantes, le minéral parallèlement aux minéraux. Il y a lieu d'examiner successivement :

1° Les éléments constitutifs du livre;

2° Ses diverses parties et leur structure;

3° Les espèces ou familles d'ouvrages.

L'examen de ces données a sa raison d'être en soi. Il sert aussi de base aux opérations de collationnement, de bibliographie, de catalogue et de classement et leur donne un fondement scientifique et rationnel.

La détermination des caractéristiques d'un livre est indispensable pour le reconnaître et l'identifier. Cette détermination individuelle ne saurait se faire qu'en fonction des caractéristiques générales.

112.1 *Éléments constitutifs du Livre.*

1° *Eléments matériels.*
- Substance, matière, (surface).
- Forme matérielle (figure), format (dimension).

2° *Eléments graphiques (Signes).*
- *Texte.*
  - Ecriture phonétique (Alphabet).
  - Notations conventionnelles.
- *Illustrations.*
  - *Images.*
    - Dessinées (Images à la main).
    - Photographie (Image mécanique).
  - *Schéma (Diagrammes).*
    - Etablis à la main.
    - Résultat d'un enregistrement mécanique.
  - *Décoration du livre.*
    - Figurines, culs de lampe, rinceaux.

3° *Eléments linguistiques.*
- Langue du livre.

4° *Eléments intellectuels.*
- Les idées du livre.
- Les formes intellectuelles du livre (Exposé didactique; rhétorique, genres littéraires).

Un livre est composé de plusieurs éléments : *éléments intellectuels* (idées, notions et faits exprimés), *éléments matériels* (substance ou matière disposée en feuilles d'un certain format, pliées en pages) et *éléments graphiques* (signes inscrits sur la substance). Les éléments graphiques sont le texte et l'illustration. Le texte se compose d'écriture alphabétique et de notations conventionnelles. L'illustration comporte les images, soit dessinées (images à la main), soit photographiées d'après nature (images mécaniques). Les illustrations sont placées dans le texte ou publiées sous forme de planches imprimées au recto seulement, jointes au texte ou mises hors texte, ou réunies en album ou atlas séparé du texte, mais faisant partie intégrante de l'ouvrage.

Le livre peut être envisagé :

1° *Comme contenu :* les idées qui se rapportent à un certain sujet ou matière, considérées dans un certain lieu et dans un certain temps.

2° *Comme un contenant :* une certaine forme de livre et une certaine langue en laquelle les idées sont exprimées.

Ces éléments servent de base à la classification.

112.2 *Structure et parties du livre.*

Reliure.
Couverture (Brochage). Feuillets de garde.
Frontispice. { Faux-titre. Page-titre. Sous titre.
Préliminaires. { Dédicace. Préface. Introduction.
Œuvre proprement dite (Corps de l'ouvrage).
  Divisions.
    Parties, chapitres, sections, paragraphes, alinéas, intitulés, numérotation, sommaire.
  Pages.
    Pagination.
    Titre courant.
    Rappels en marge.
    Notes marginales.
  Texte.
    Caractères (Majuscules, minuscules, signes).
    Vignettes, figures, illustrations.
    Tableaux.
Tables.
  Table méthodique.
  Index alphabétique. { Matières. Personnes. Lieux.
  Répertoire chronologique.
Appendices.
  Planches hors texte.
  Annexes.

a) Un livre a diverses *parties: La reliure,* — la couverture, — le titre (titre, faux-titre, sous-titre, frontispice) — les préliminaires (Dédicace, préface, introduction, préambule); — l'œuvre proprement dite, la Table des matières et index, les appendices (annexes, planches hors texte).

b) Le livre présente d'abord sa *page titre* avec le titre de l'ouvrage, le nom de l'auteur, ses qualités, le rang de l'édition, la date de publication.

c) Un livre a un *auteur* (dénommé ou anonyme, réel ou pseudonyme, particulier ou collectif) — l'auteur peut avoir un ou plusieurs collaborateurs; — il peut être auteur de l'œuvre ou simple éditeur de l'œuvre d'autrui.

d) La *division matérielle* de l'œuvre se fait en volumes, livraisons ou fascicules, feuilles et pages.

Le *volume* est la division matérielle d'un ouvrage. Le *tome* en est la partie intellectuelle.

On peut convenir d'une terminologie d'après le nombre de pages: plaquette (jusqu'à 50 pages); brochure (de 50 à 100 pages); volume (au delà de 100 pages).

La *feuille* est l'ensemble de la surface imprimée, qui est pliée ensuite pour former des pages (feuilles de 4, 8, 16, 32 pages). Un *feuillet* est la partie d'une feuille de papier formant deux pages.

e) La *division intellectuelle* de l'œuvre répartit la matière en tranches qui groupent les matières connexes et qui présentent un même enchaînement. Cette division se fait en parties, tomes, chapitres, paragraphes, sections, alinéas, versets. Ces divisions ont des intitulés ou rubriques, des numéros d'ordre et sont parfois accompagnées de sommaires. Les pages portent un numérotage ou pagination et parfois un titre courant, des rappels en marge et des notes infra-marginales.

Souvent des *introductions ou préfaces* expliquent l'objet de l'ouvrage. le point de vue de l'auteur, l'occasion qui a fait écrire l'ouvrage.

f) Les tables des matières : méthodique et alphabétique.

g) Les illustrations intercalées dans le texte, servent à l'expliquer par la représentation visuelle des objets. Elles ont leur commentaire dans le texte et il y a lieu d'y recourir en chaque cas.

h) Un livre donne lieu à des *reproductions* en exemplaires multiples exécutées par un imprimeur (typographe, lithographe, graveur, photographe). On distingue les éditions successives d'un même ouvrage, des réimpressions. On fait les distinctions suivantes :

Un *exemplaire* est un ouvrage complet, abstraction faite du nombre de pages, aussi bien que du nombre de volumes et de tout ce qu'ils comportent. Il s'applique à l'unité de tirage d'un ouvrage, d'une gravure, etc.

On distingue les *tirages* effectués successivement (on dit souvent *mille)*, qui n'implique aucune idée de correction ni de modification quelconque dans le texte, reproduit souvent, d'après un cliché ou une composition conservée, et les *éditions* qui supposent un texte revu, remanié ou complété, et qui est par conséquent recomposé typographiquement.

Certaines œuvres n'existent qu'à l'état de manuscrits, originaux ou copies, ces manuscrits sont parfois de la main de l'auteur (autographe).

i) Le plus souvent, le livre a un *éditeur commercial*, il constitue rarement une *impression privée*.

112.3 **Espèces, Classes, Familles d'ouvrages.**

Les ouvrages (œuvres de l'esprit) donnent lieu à tout un ensemble d'espèces (genres, familles, variétés) et sont susceptibles de classification à divers points de vue.

A. — *D'après les matières traitées.*

Les livres dans leur ensemble tendent à enregistrer toutes les connaissances acquises, et à former ainsi le corps bibliographique de la science. Les connaissances ou sciences sont ordonnées selon un ordre hiérarchique, et une classification: Philosophie, sciences sociales, philologie, etc. Il en sera question plus loin.

B. — *D'après les lieux.*

On distingue aussi les ouvrages selon le pays ou lieu auquel se rapportent les matières traitées : ex.: Angleterre, France.

C. — *D'après le temps.*

On distingue les ouvrages selon le temps ou moment auquel les matières sont considérées. Ex.: xvme siècle.

D. — *D'après la forme.*

On considère ici soit la disposition interne de la matière selon certains cadres, soit selon certaines formes matérielles. On distingue :

1° le *Livre*, ou ouvrage séparé, qui paraît sans suite et en un tout complet, et indépendant.

Parmi les livres proprement dits, on distingue les *Monographies*, ouvrages qui traitent d'une question particulière (ex.: Monographie de l'acier), les *Manuels ou Traités*, ouvrages qui exposent toute une science ou un ordre de connaissance, d'une matière, systématiquement et dans toutes leurs parties (ex.: Traité de Physique, Manuel de Chimie), les *Encyclopédies* ou *Dictionnaires*, consacrés comme les traités, à toute une science, mais qui en diffèrent parce que les matières sont réparties en un certain nombre de mots ou rubriques, qui se succèdent dans l'ordre alphabétique (ex. : Encyclopédie de la Construction), les *Thèses* ou *Dissertations académiques*, les *Histoires*, qui traitent de chaque matière au point de vue de son développement au cours du temps (ex. : Histoire de la Peinture).

2° la *Brochure* ou plaquette (pamphlet), livre de peu d'étendue. 3° *Les Feuilles volantes*, placards et publications paraissant en livraisons successives. 4° La *Revue* ou *Périodique*, publication qui paraît à des dates régulières, avec suites, et dont les numéros successifs des années antérieures forment des collections. La revue est principalement destinée à tenir les lecteurs au courant de tout ce qui se passe dans un certain domaine, dans une certaine science. C'est une sorte de journal publiant les nouvelles de chaque spécialité. Vient ensuite le *Journal* quotidien. 5° Les *Manuscrits* anciens et contemporains, les autographes. 6° Les *Estampes*, gravures affiches, cartes postales illustrées et tout ce qui contient une illustration et est publié à part. 7° Les *Photographies* non publiées. 8° Les *Cartes et Plans*. 9° Les *Partitions musicales*.

E. — *D'après les langues.*

Les livres sont écrits en toutes langues. Ils donnent lieu à des groupes distincts d'après ces langues, qui, elles-mêmes, se rattachent à de grandes familles (latine, germanique, slave), et qui ont leurs patois. Il y a une classification des langues. — Dans l'organisation des bibliothèques, on distingue les ouvrages en langue nationale, (En Belgique : français, flamand, allemand) et en langues étrangères.

Ces cinq ordres de classement sont fondamentaux. On peut considérer que chacun d'eux occupe une des faces du cube ou bloc qui représenterait l'ensemble des ouvrages. Ce sont les mêmes ouvrages que l'on peut répartir chaque fois selon un ordre différent.

Ainsi un ouvrage sur la *Philosophie* (matière), en *Angleterre* (lieu), au XVIIe *siècle* (temps), qui serait un *traité* (forme), composé en *français* (langue).

La classification bibliographique fournit le moyen de

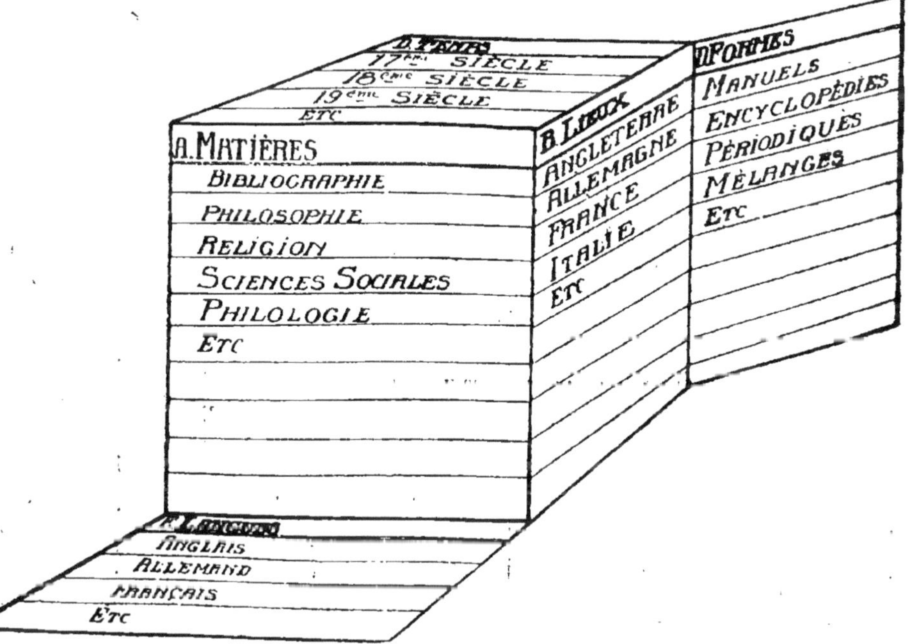

classer la bibliothèque et son catalogue en tenant compte de ces classes fondamentales.

A ces cinq ordres de classement on pourrait en ajouter un sixième, celui qui prendrait comme base la manière dont l'œuvre est traitée, le caractère des auteurs et des lecteurs (Psychologie bibliologique). A ce point de vue on peut distinguer :

Livres de faits (Exposé des sciences).

Livres de spéculation : Livres d'imagination, d'induction, d'investigation, d'invention.

Livres d'idées ou livres de philosophie : Etudient les faits au point de vue de leur relation de cause à effet.

Livres de sentiments : S'adressent aux facultés affectives, et particulièrement aux facultés sociales, esthétiques, émotives, morales (destinés à l'éducation littéraire).

113. **Statistique du livre. Nombre des livres.**

Le nombre des livres écrits et publiés est considérable. Il en était imprimé en Belgique, avant la guerre, environ

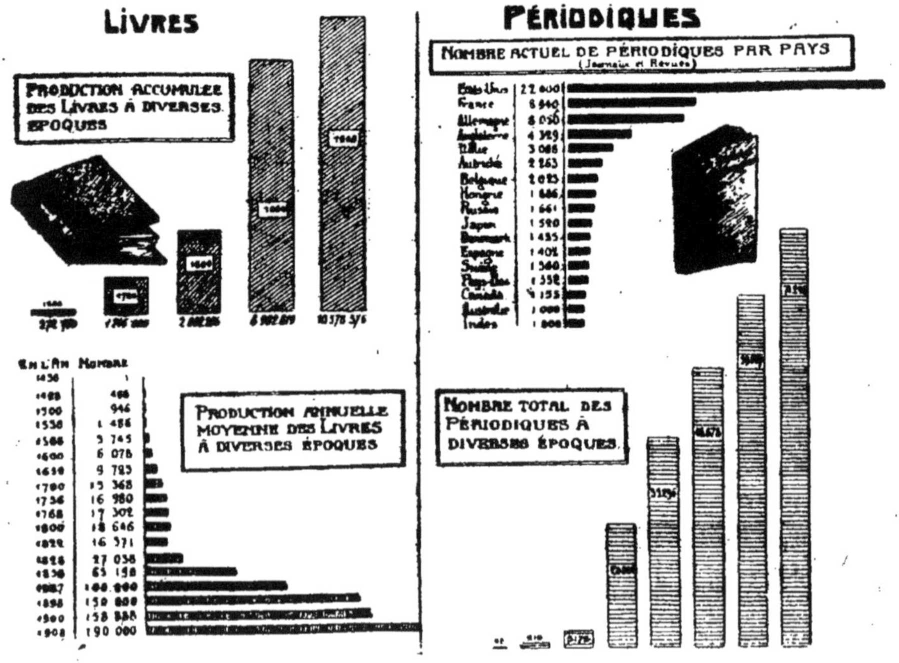

2,500 tous les ans. La France en comptait une douzaine de mille, et l'Allemagne deux fois et demi autant. On a estimé à plus de dix millions les livres différents imprimés dans le monde entier depuis l'invention de l'imprimerie jusqu'au début du xxe siècle.

114. **Histoire du livre.**

Le livre a une longue histoire : chacun de ses éléments, chacune de ses parties et de ses espèces est le produit d'un développement parfois très lent. — Ecriture : le Livre a ses origines dans celles de l'écriture figurative et du tracé des signes conventionnels. (Paléographie; science des écritures). — Substance : Il fut d'abord inscription murale (Epigraphie), tablette ou rouleau en terre cuite, tablette de bronze, de cire, ardoise. Plus tard il s'écrivit sur papyrus et parchemin, puis sur papier originaire de Chine. — Forme : il eut, dans l'antiquité, la forme enroulée (volumen). Il passa ensuite à la forme rectangulaire, avec les tablettes de cire juxtaposées ; il fut fait de feuillets superposés et reliés avec les codex. Aujourd'hui il tend à la feuille ou fiche, mobile ou liassée en reliure mobile (monographie). — Reproduction : il fut écrit à la main (manuscrit), puis gravé sur bois (xylographie), puis composé à l'aide de caractères mobiles (imprimerie, Guttenberg). On le reproduisit par la pierre (lithographie), puis par la photographie (photogravure, héliogravure, phototypie). puis par des procédés chimiques (anastatique ou reviviscence des encres). — Illustration : Remonte à la plus haute antiquité, enluminure, miniature, puis gravure en relief et en creux. — Reliure : très ancienne, devient un art à Byzance au xe siècle, se développe en Italie au xviiie, en France au xvie et au xviiie, renaît de nos jours.

Invention et transformation des écritures, constitution des langues en langages littéraires. Le Papyrus. Les premières littératures : la formation des genres littéraires. Premiers essais de réduction dans les sciences. Conservation des textes sacrés dans les temples et palais. Influence de l'esclavage : le cercle étroit des lettrés, des philosophes et des savants. Les polygraphies « de omnire scibili ». Les premiers encyclopédistes : Aristote.

Moyen âge.

Les barbares détruisent les Bibliothèques. Les moines recopient les manuscrits. L'époque des manuscrits : Au XIIIe siècle, invention du papier de chiffon. Le moyen âge, grand par son art, sa philosophie, sa théologie. Peu de créations littéraires. Développement des sciences presque nul. Les « Miroirs » et les « Sommes », formes de l'idée encyclopédique.

Renaissance et temps modernes.

La Renaissance découvre l'antiquité. Epoque de l'érudition : reproduction, traduction, commentaire des ouvrages. Vers 1436, invention de l'imprimerie. Elle se répand dans toute l'Europe avec la Réforme. Développement de la gravure. Les guerres de religion utilisent les livres. Au XVe siècle, le livre se constitue avec les traits essentiels qu'il a encore aujourd'hui. Plantin à Anvers (vers 1550). Fondation à Paris de la Bibliothèque nationale (1595), et de l'imprimerie nationale. Les premiers journaux. La constitution des sciences en corps de doctrines autonomes. XVIIIe siècle : les idées travaillent le peuple. L'encyclopédie de Diderot et d'Alembert. Le rôle des livres, du pamphlet et des journaux politiques dans la Révolution française. XIXe siècle : les inventions mécaniques appliquées à la production du Livre; la reproduction photo-mécanique de l'image ; le triomphe de la démocratie ; la diffusion de l'enseignement; la régime constitutionnel dans les grands Etats basé sur la liberté de la parole et de la presse; progrès dans l'organisation administrative des États et rôle des imprimés de toute espèce à ce point de vue. Développement des sciences sur la base de la division du travail ; organisation rationnelle de la librairie et de la presse scientifiques; la revue, le journal d'information. La librairie et l'édition se font universelles, les bibliothèques géantes et les éditions géantes. Organisation internationale du Livre et de la Documentation. (Pour le développement des faits, consulter les sources indiquées *in fine).*

115. **Composition, Edition, Librairie.**

Le livre est un des produits de l'activité humaine qui exige le plus d'opérations distinctes. Celles-ci, au cours du temps, ont été réparties selon les principes de la division et de la coopération dans le travail, entre une série de personnes et de fonctions.

Les *Auteurs* (écrivains, savants, publicistes) établissent le manuscrit des ouvrages. Ils sont les créateurs des livres et les signent. Ils en ont la propriété qu'ils peuvent céder en tout ou en partie. Les *Editeurs* se chargent de leur diffusion et de toutes les opérations d'ordre commercial; ils sont, en quelque sorte, les entrepreneurs généraux du livre, groupant sous leur direction, les différents métiers et professions. Ils ont tendance à se spécialiser dans un genre. Les *Imprimeurs* (typographes, lithographes, graveurs, photograveurs, etc.) reproduisent le livre en multiples exemplaires sur commande des éditeurs ou des auteurs. Les *Libraires* s'occupent de la vente des livres neufs. Ce sont les dépositaires des éditeurs. Les *Bouquinistes* (librairies d'occasion, librairies anciennes, antiquariats), s'occupent des livres anciens. Les *Bibliographes* font les catalogues, les descriptions des livres, les *Critiques* les jugent. Les *Bibliothécaires* les conservent et les distribuent.

Le monde du livre a une organisation collective puissante: associations et syndicats; maisons ou bourses du livre avec centrale de commandes; organismes pour l'exportation et l'expédition à l'étranger, catalogues collectifs, publications professionnelles. Des règlements et des contrats collectifs ainsi qu'une législation locale, nationale et internationale, organisent les rapports juridiques du livre et de ceux qui y travaillent.

116. Conditions physiologiques du Livre imprimé.

Le Papier.

Epaisseur. — Le papier des livres doit être opaque afin que les caractères imprimés au verso ne transparaissent pas. Il ne faut jamais de buvard qui laisse fuser l'encre dans l'impression et tache la page opposée. — Le papier dit double carré de 22 kilogrammes à la rame est d'une épaisseur courante très convenable.

Couleurs. — Les papiers très blancs, bleuâtres, gris ou glacés sont à rejeter à cause des reflets ou de l'insuffisance de lisibilité. La meilleure teinte est: La couleur bois (Javal) très reposante. La couleur crème (Risley). La couleur rose. La teinte blanc mat et terne.

Caractères.

Famille. — L'impression en caractères latins doit être préférée (les caractères gothiques, grecs, etc., de lisibilité plus difficile sont à éviter.) Le Dr Javal, le premier, a insisté sur la visibilité et la lisibilité des caractères d'impression.

Grandeur. — Javal propose un nombre de lettres de 6 1/2 par centimètre, et qui correspond au caractère dit « 10 points » ou « petit romain ». Cohn et Weber sont du même avis, en proposant le caractère d'un millimètre et demi; mais ils le considèrent comme un minimun. Risley pense qu'il doit avoir 3 millimètres de hauteur, 0 mm 25 d'épaisseur.

Jamais plus de 2 lignes ni plus de 7 lettres par centimètre courant. Il y aura de grandes marges. Composition en caractères gras et fort bien séparés.

Forme. — La forme carrée, aussi large que haute, paraît préférable.

Œil. — L'œil du caractère dépendant de la largeur de la lettre et de l'épaisseur du trait, doit être de grosseur moyenne.

Lignes.

Longueur des lignes. — La longueur des lignes ne saurait pas excéder 8 à 10 centimètres (Javal, Berlin) avec 50 à 60 lettres.

Dans le format in-quarto, il sera préférable de disposer le texte en deux colonnes, séparées par un intervalle de 3 à 4 millimètres.

Interligne. — L'interligne sera en rapport avec la grosseur des lettres. Dans le cas de caractère petit romain, il aura 2 mm., 5 à 3 millimètres.

12. LA LECTURE ET LES LECTEURS.

121. Notion de la lecture.

Lire, c'est prendre connaissance du contenu des livres, c'est recueillir ce que les auteurs ont consigné dans les livres. Lire, c'est l'action de s'assimiler la pensée d'autrui par l'intermédiaire de caractères graphiques.

122. Nécessité et avantages de la lecture.

Tout homme doit chercher à vivre en tant qu'être intellectuel qu'il est et, par conséquent, il doit développer son intelligence sans se laisser absorber entièrement par les fonctions d'ordre subalterne. D'autre part, le livre offre le meilleur de la pensée réfléchie et coordonnée des meilleurs esprits. La lecture, dès lors, s'impose à tout homme, car elle entretien la vie de l'esprit qui a besoin de se nourrir d'idées, comme le corps a besoin d'aliments. Une vie sans lecture sera toujours une vie médiocre. Confucius disait déjà: « Apprendre sans penser, c'est perdre ses peines; penser sans apprendre est périlleux. » Sénèque écrivait: « Réfugies-toi dans l'étude, tu échapperas à tous les dégoûts de l'existence. L'ennui du jour ne te fera pas soupirer après la nuit et tu ne seras pas à charge de toi-même et inutile aux autres. »

Le livre est l'instrument d'une gymnastique cérébrale et sentimentale aussi, qui nous entraîne à être plus clairvoyants et moins impulsifs, qui nous habitue, par l'effort d'une réflexion intime, à exploiter sans relâche toutes nos sources personnelles de raison et d'émotion (Pierre Guitot-Vauquelin). Le livre est un ami, un consolateur, un guide; il est celui qui nous aide à formuler nos pensées et nos sentiments demeurés vagues et imprécis; il nourrit de sa substance et procure le réconfort spirituel. Retenons cette phrase d'une vieille femme simple et ridée disant au bibliothécaire, en rapportant un livre: « Que de beaux sentiments, un tel livre égaie les heures sombres et nous aide à vivre ».

Au point de vue social, on constate que l'éducation par le livre est, de toutes, la plus économique.

123. **Buts divers de la lecture.**

La lecture peut avoir divers buts: 1° La culture générale (formation de l'esprit); 2° La récréation (loisir); 3° L'instruction (l'instruction par soi-même); 4° L'information et la documentation (renseignements).

124. **Manières diverses de lire.**

Il est diverses manières de lire :

1° Lire en entier d'une traite et d'affilée, comme le permettent les œuvres littéraires; 2° S'instruire et apprendre en lisant et en relisant. S'assimiler un ouvrage en l'analysant la plume à la main pour en faire la base de discussions ultérieures dans des groupes d'enseignement mutuel; 3° Consulter certains passages des livres, certains éléments, chapitres ou faits pour y recueillir des informations sur des questions particulières; 4° Parcourir rapidement le livre en le feuilletant. On fait ainsi une première reconnaissance dans le vaste domaine des livres où on applique sa mémoire visuelle et topographique à l'examen d'une collection entière; 5° S'astreindre à un cycle de lectures graduées, variées, suivant un plan arrêté d'avance.

Toutes ces opérations intellectuelles sont bien différentes. Toutes ont leur utilité, pourvu qu'elles interviennent avec discernement et soient appropriées à chaque cas, suivant les livres, les lecteurs ou les buts poursuivis par la lecture.

La Lecture et la Culture. Lecture formative. — L'éducation générale comporte toutes les connaissances et tout le développement personnel que doit ambitionner une personne désireuse de s'assurer les bénéfices multiples de l'ère de perfectionnement où nous vivons.

« La lecture formative » a pour but de rendre l'individu plus intelligent et meilleur. Elle accroît le sentiment, élargit les conceptions de la nature et de la vie, elle inspire l'amour du travail, de l'effort et le sentiment de la dignité humaine. On s'élève par la lecture d'un beau livre, on sort de la matérialité ambiante.

La Lecture systématique. — La lecture systématique s'opère d'après un plan de lecture. Celui-ci s'établit soit à la manière des programmes de l'enseignement, qui déterminent les questions et leur ordre, soit à la manière des syllabus qui indiquent les sources à consulter et les lectures à faire. Des « Guides pour autodidactes » (autodidaxie, enseignement par soi-même) sont plus complets et se rapportent mieux à l'enseignement supérieur. Les guides polonais et russes sont des modèles dont il n'existe pas d'équivalent en français. (Voir l'analyse de ces guides dans le *Bulletin de l'Institut International de Bibliographie;* voir aussi Boïarsky, *(Enseignement autodidacte* dans la collection *Le Musée du Livre.)* Les cours par correspondance dont l'extension est très grande dans les pays anglo-saxons, s'appuient en grande partie sur des lectures systématiques à faire.

La Lecture instructive ou scientifique. — Elle a pour but de meubler l'esprit des connaissances générales et spéciales et la formation des opinions. Les lectures scientifiques doivent fortifier l'esprit, rectifier le jugement, augmenter la mémoire en étendant les facultés assimilantes. Le cerveau est le filtre des idées, c'est à lui de passer au crible tout ce que nous lisons, tout ce que nous entendons. L'essentiel est de se former le jugement qui décide en dernier ressort ce qu'il y a lieu de retenir ou de rejeter et ainsi, chacun, sur les matières qu'il étudie et en présence des contradictions des auteurs, est amené à sélectionner ce qu'il tient pour vrai et à constituer en quelque sorte son propre système. C'est une synthèse, mais qui a ce caractère d'être toujours perfectible, accrue et modifiable. Il n'y faut aucun entêtement et, s'il faut tenir à ses idées, lorsqu'on les croit justes et vraies, il ne faut pas hésiter à les modifier, lorsque d'autres sont reconnues plus justes. Penser librement est bien, penser selon la vérité est mieux. « L'art de lire des livres de sentiment consiste à se laisser aller au sentiment. Mais l'art de lire des livres d'idées consiste en une comparaison et un rapprochement continuels. Matériellement on lit un livre d'idées autant en tournant les feuillets de gauche à droite qu'en les tournant de droite à gauche, c'est-à-dire autant en revenant à ce qu'on a lu qu'en continuant à lire. Le livre à idées, autant et plus encore qu'un autre livre, qui ne peut pas tout dire à la fois, se complète et s'éclaire en avançant et on ne le possède que quand on a tout lu. Il faut donc, à mesure qu'il se complète et qu'il s'éclaire, tenir compte sans cesse, pour comprendre ce qu'on en a lu hier et, pour mieux comprendre ce qu'on en a lu hier, de ce qu'on en lit aujourd'hui. » (Emile Faguet.)

Lectures répétées. — Il faut une lecture sans cesse répétée. Un grand penseur, un grand poète, représentent une haute synthèse de la nature psychique. On ne saurait les comprendre de prime abord. L'esprit est un, et son fonctionnement précède toute expression complètement formulée. Entre une idée et les autres idées, entre une idée et les manières variées de l'exprimer il y a *lutte* dont le résultat est précisément l'œuvre produite. On choisira donc, parmi les grands écrivains, celui pour lequel on se sent la plus forte et la plus étroite sympathie, puis parmi les ouvrages de cet écrivain, celui que l'on sent et admire le mieux. Alors, ayant pris ce livre, on le lira sans cesse, sans repos, sans trève, comme un Luthérien lit sa Bible ou comme un bon Anglais lettré lit son Shakespear. Cette fréquentation obstinée d'un maître, dit Théodore de Banville, vaudra mieux que d'étudier plusieurs modèles, il fera comprendre et saisir les procédés par lesquels l'expression vient accoucher de l'idée. Il fera percevoir la lutte de l'esprit avec lui-même, avec la langue, de l'esprit toujours plus large et plus profond que la formule dans laquelle lui-même s'efforce de s'enserrer.

Documentation et Informations. — La documentation consiste à prendre connaissance de ce qui a été dit d'original ou d'important, sur une question. Pour travailler avec méthode il faut d'abord s'enquérir du point de savoir si le sujet qu'on examine a été étudié déjà et à quels résultats d'autres sont parvenus. Il faut essayer ensuite, au moyen de nouvelles découvertes ou de l'étude plus approfondie des sources déjà connues antérieurement, de faire avancer la science et de modifier les résultats précédemment obtenus.

La Bibliographie renseigne sur les sources qui constituent la documentation.

L'Institut International a aussi entrepris, en coopération avec les grandes Associations internationales, une Encyclopédie documentaire élaborée sous forme de dossiers contenant notamment des extraits textuels d'ouvrages, de périodiques et de journaux, des photographies, cartes et dessins (actuellement 10,000 dossiers). Le but visé est une concentration de l'information pour réaliser ensuite plus sûrement la diffusion des informations.

125. Mécanisme intellectuel de la lecture. Psychologie du lecteur.

La bonne lecture n'est pas le résultat d'un acte spontané. Elle doit être organisée; l'esprit doit être formé, il faut une méthode. Sans système, la lecture ne saurait conduire à la culture et à l'usage pratique des connaissances contenues dans les livres. Il faut constamment produire des types plus élevés de lecteurs.

La plus noble tâche du bibliothécaire, c'est d'apprendre à lire et à s'instruire. Lire, ce n'est pas épeler, ce n'est pas répéter à la vue les mots et les phrases, c'est comprendre, s'assimiler, réagir intellectuellement. A son stade le plus élevé, lire c'est le prélude de la pensée originale et de la production intellectuelle.

Le livre bien fait est un véritable édifice intellectuel, une synthèse d'idées et non uniquement une collection classée de renseignements. Il expose des arguments pour démontrer, il enchaîne des faits pour mettre en évidence des aspects, des points de vue. Les mots, les phrases, les chapitres, se succèdent comme moyens d'exprimer, d'expliquer, de faire comprendre et sentir une pensée unique, mais complexe, divisée, ramifiée. Tant que la pensée du livre n'est pas perçue, comprise, assimilée, le livre n'est pas bien lu. Souvent les yeux seuls suivent un texte et l'intellect ne participe pas à la lecture: on ne comprend rien jusqu'à ce que l'attention étant plus concentrée, la terminologie mieux interprétée, tout à coup la lumière se fait pour la page, pour le chapitre, pour le livre. Le phénomène mental est analogue à celui du débutant qui sait épeler les syllabes d'une phrase bien avant qu'il ne peut en saisir le sens. Les yeux de l'esprit doivent lire en même temps que les yeux du corps et, certes, ce n'est pas la même chose.

Les études psychologiques ont conduit à définir des types mentaux chez l'enfant et chez l'adulte. Ces études, transportées dans le domaine du livre, ont acquis une importance capitale. Elles sont fondées sur la relation entre les auteurs, les livres, les lecteurs et déterminent les réactions particulières des uns sur les autres. Une branche spéciale a été constituée récemment par Nicolas

Roubakine sous le nom de « Bibliologie psychologique ». Des principes qu'il a exposés se dégage tout un ensemble de règles pratiques pour sélectionner et approprier les lectures aux lecteurs et accroître extraordinairement le rendement du livre.

126. **Recommandations au lecteur.**

1° N'entreprendre aucune lecture trop au-dessus de ses forces et de ses connaissances. Cela peut détourner du goût des lectures sérieuses; 2° Tout livre commencé doit être achevé, à moins de répugnance invincible; 3° Relire le livre auquel on aura trouvé un réel profit, mais dont certaines parties restent obscures. Mais ne pas le relire immédiatement, un intervalle est nécessaire qui permette aux notions acquises de se classer à leur place logique dans la mémoire. Le subconscient doit avoir le temps de faire son œuvre; 4° Eviter de trop lire. S'il est bon de lire, il est meilleur de vivre. Les livres sont des reflets de la vie quand ils ont de la valeur. Ne pas se contenter du reflet : entrer directement dans la vie. Observer soi-même à l'exemple des observateurs : « Il est nécessaire d'étudier la réalité en même temps que les livres. » (La Rochefoucauld); 5° Eviter de mal lire, c'est-à-dire rapidement et superficiellement, de lire trop de journaux et des livres, dont la valeur est minime. C'est perdre son temps, affaiblir la mémoire et former une habitude pernicieuse en ce sens qu'on n'arrive plus à lire autrement les écrits qui ont droit à l'attention. La mémoire s'affaiblit parce que les impressions sont floues, fugitives et que le cerveau perd l'habitude de retenir des impressions nettes et durables. En lisant, chercher moins à absorber qu'à assimiler.

127. **Lire en prenant des notes.**

On s'assimile les idées, on conserve dans la mémoire les notions, en combinant autant que possible les trois modes de perception et d'action motrice: voir (lire des yeux), articuler et écouter, (lecture à voix haute), tracer les caractères (écrire).

Deux opérations demeurent étroitement connexes dans l'enseignement du degré supérieur comme dans l'enseignement élémentaire : la lecture et l'écriture. Le résumé de ce qu'on lit, les extraits textuels, l'annotation des faits qu'on juge saillants, dignes d'être retenus, les réflexions personnelles que font faire la lecture, sont indispensables à la bonne assimilation du contenu des ouvrages. C'est le moyen de repasser soi-même par le chemin qu'a parcouru l'auteur.

Mais les notes ainsi prises ont une valeur autre encore que celle d'un simple exercice. Conservées, classées, remaniées, constamment accrues par d'autres notes puisées à d'autres sources, elles peuvent constituer un véritable livre : le livre particulier à chacun et dont chacun puisse dire « Mon Livre », « Mon Encyclopédie », quintescence de tout ce par quoi on a été intéressé, abrégé de tout ce que l'on a appris, mémoire artificielle de tout ce que l'on désire pouvoir se rappeler.

La méthode rationnelle pour lire avec fruit est donc complétée par la méthode rationnelle de prendre des notes. Il convient de les prendre judicieusement, de les rassembler et de les coordonner en des répertoires personnels bien classés. 1° L'emploi des fiches ou feuillets mobiles disposés en fichiers ou répertoires, doit avoir la préférence. Les fiches, en effet, constituent en quelque sorte le prolongement de notre cerveau; elles conservent fidèlement l'enregistrement des données que notre mémoire devient impuissante à retenir à cause de l'accroissement constant des connaissances. Les notes que nous prenons complètent constamment l'organe extra cérébral qu'est le fichier. Comme c'est le cas pour un cerveau bien organisé, dont la remémoration est prompte, elles nous fournissent immédiatement le renseignement nécessaire; 2° Les fiches seront classées par matières, soit alphabétiquement, comme dans un dictionnaire, soit systématiquement, comme dans la classification décimale.

L'emploi des fiches classées conduit à l'habitude de classer méthodiquement dans l'esprit ce qu'on y retient. L'esprit adopte graduellement, pour ses propres opérations de mémorisation, les mêmes procédés d'enregistrement et de groupement dont il voit et apprécie le fonctionnement matériel dans la classification par fiches. De là ce résultat que la mémoire est rendue plus étendue et la remémoration plus prompte.

128. Lire à haute voix.

Lire à haute voix fait mieux pénétrer le sens des idées, notre mémoire des mots s'enrichit et notre élocution se perfectionne.

La lecture à haute voix joue un rôle capital. La parole écrite paraît souvent plus pauvre que la parole dite, pour exprimer l'ensemble des états psychiques, car elle ne peut être accompagnée de gestes et d'émotions. La lecture à haute voix, surtout celle du maître, redonne au texte ce qui lui a été enlevé. Il y a lieu de lire à haute voix à l'école, en famille, entre amis et même tout seul. Les séances de lecture à voix haute en petit groupe sont recommandables. On choisit des extraits d'auteurs qui intéressent la généralité du groupe. On commence par quelques mots sur l'auteur et sa vie; après lecture on répond aux questions, on relit certains passages, on discute ensemble les difficultés. On peut former des cercles de lecture autour de la bibliothèque (25 personnes dans un cercle au maximum). Ces lectures peuvent s'opérer suivant un plan systématique. On pratique les séances de lecture surtout dans les pays slaves. (Voir les cycles de lecture préparés par la National Home Reading Union).

129. Physiologie de la lecture.

Mécanisme de la lecture. — La lecture courante des mots, des chiffres, des notes de musique, etc., comporte des mouvements oculaires, des saccades d'amplitude variable. Le plus petit angle que l'œil puisse parcourir latéralement est de 5'. Cet angle est en rapport inverse de la distance des caractères aux yeux; il est plus petit de loin, plus grand de près. La fatigue oculaire est aussi en raison inverse de cet angle, plus grande dans la vision de loin, où l'angle est plus petit, et moindre dans la vision de près, où l'angle est plus grand.

Pour ces motifs et à cause des dimensions plus considérables des images perçues, les enfants préfèrent la lecture rapprochée. C'est là, toutefois, avec les lésions correspondantes de l'accommodation et de la convergence, une cause fréquente d'esthénopie, c'est-à-dire de la fatigue oculaire. Il faut tenir compte néanmoins des habitudes personnelles.

Les lignes ne sont vues que partiellement, par section, et chaque section correspond à une saccade. On lit 20 lettres environ par section, un peu plus si les lettres sont étroites ou petites, un peu moins si elles sont longues et grandes. Chaque saccade avec arrêt consécutif dure en moyenne une demi-seconde. On peut enregistrer les saccades de lecture avec une tige appliquée sur les conjonctives et reliée à un tambour résonnateur qui communique avec les oreilles par deux tubes en caoutchouc; on perçoit d'ailleurs les saccades en appliquant simplement la pulpe du doigt sur la paupière.

Conditions optima. Distance. — La lecture doit être faite à 30 centimètres environ dans des conditions normales d'éclairage, de composition, de papier, etc. Myopes, presbites, astygmates, doivent veiller à se servir de verres appropriés à leur vue dont il convient, de période en période, de constater l'état.

Eclairage. — L'éclairage minimum sera de dix bougies.

La dactylographie remplacera autant que possible, pour la lecture, les diverses écritures cursives. La composition, en caractère gras et forts (9 à 11 points) bien séparés. La hauteur des lettres les plus petites ne doit pas être inférieure à 1 mm. 5, l'interligne à 2 mm. 5. Jamais plus de 2 lignes, ni plus de 7 lettres par centimètre courant. Il y aura de grandes marges.

(JAVAL : *Physiologie de l'écriture et de la lecture.)*

2. *Hygiène visuelle.* — Prendre soin des yeux comme du bien le plus précieux qu'on possède. Avoir un bon

éclairage. Lumière abondante. Eviter éclairage trop vif, éblouissant, tel que le soleil donnant directement sur les pages. Il faut une lumière douce, égale, tamisée, plutôt que vive et éblouissante. D'abord lumière solaire, puis éclairage électrique, par incandescence, mais avec abat-jour pour concentrer toute la lumière sur la page, ou éclairage à manchon par incandescence.

3. *Attitude hygiénique.* — En lisant ou écrivant, tenir le corps droit et sans raideur, de manière à éviter le dos voûté et les déviations de la colonne vertébrale, si fréquentes chez les travailleurs intellectuels. Mieux vaut bomber la poitrine et ramener les épaules en arrière, de manière à donner aux poumons le plus d'espace possible pour se dilater dans la cage thoracique. Utilité d'alterner la position debout avec la position assise. Autant que possible éviter de pencher la tête sur un texte, se servir d'un pupitre, ou tenir le livre à la main à la hauteur des yeux. Ne pas lire ou étudier étendu de tout son long, la tête reposant en arrière, parce qu'il en résulte une plus grande fatigue pour les yeux.

13. LA BIBLIOGRAPHIE.

131. **Notion, but et espèces.**

La Bibliographie a pour objet de renseigner sur l'existence des ouvrages et sur leur valeur. Elle est l'inventaire, la description des ouvrages publiés, indépendamment du point de savoir dans quelles collections ou bibliothèques ils se trouvent. Elle constitue donc la source de nos informations concernant les livres existants et la base de toute documentation. Elle est l'intermédiaire entre les livres et les lecteurs. La Bibliographie comprend les classes de travaux suivants. Ils portent le nom de bibliographies. Tout bibliothécaire doit connaître leur existence et pouvoir s'en servir.

1° Les bibliographies nationales, les unes rétrospectives et récapitulatives, les autres périodiques et courantes.

2° Les bibliographies spéciales (rétrospectives ou courantes, nationales ou internationales). Elles sont éditées pour chaque science, soit par des particuliers, soit par des organismes créés, patronnés ou subsidiés par des associations scientifiques ou par les pouvoirs publics.

3° La Bibliographie Universelle, et en particulier le Répertoire Bibliographique Universel, entrepris par l'Institut International de Bibliographie dans le but de concentrer en un inventaire unique toutes les informations publiées par les bibliographies particulières et de les classer sur fiches en deux séries, auteurs et matières.

4° Les Bibilographies analytiques et critiques (comptes rendus, analyses, résumés, annuaires, années, parties bibliographiques des revues). Ces bibliographies sont consacrées, les unes à la littérature générale, les autres aux disciplines spéciales. Elles renseignent sur le contenu et la valeur des ouvrages et complètent ainsi les Bibliographies qui sont de simples recueils de titres d'ouvrages. La plupart des revues publient des comptes rendus et des analyses. La plupart des sciences ont leurs recueils spéciaux. Des recueils généraux sont aussi publiés.

5° Les Bibliographies choisies, qui ont procédé à des sélections basées sur certains critères, qu'elles font connaître. Dans cette catégorie on peut ranger : les catalogues imprimés des bibliothèques, générales ou spéciales, formées selon des principes rationnels, les guides bibliographiques qui constituent des introductions aux connaissances humaines.

6° Les Bibliographies produites par le commerce de la librairie, sous toutes formes : catalogues des éditeurs (officines), catalogues des librairies d'assortiment, catalogues de ventes publiques et catalogues de livres d'occasion (antiquariats). Les deux dernières catégories ont une importance pour le choix des livres dont l'édition est épuisée ou dont on désire acquérir des exemplaires offrant les meilleures conditions d'état, de prix et d'édition.

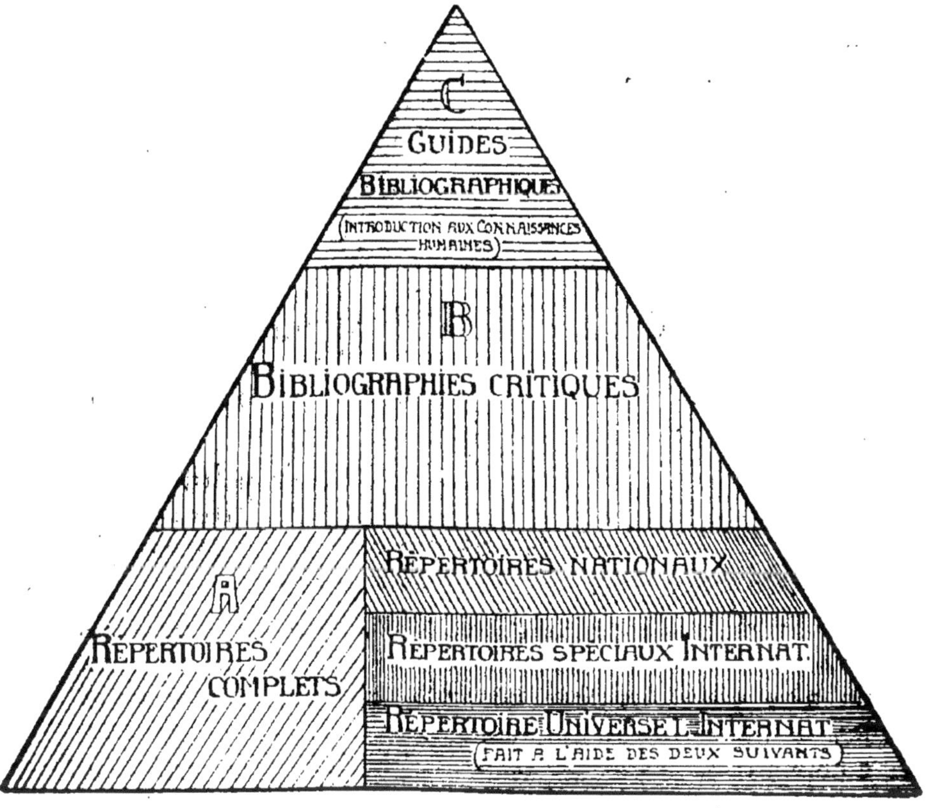

LA BIBLIOGRAPHIE

132. Histoire de la Bibliographie.

Il y eut, dès la haute antiquité, des listes du contenu des Bibliothèques et des relations parlant des livres. Avant l'imprimerie, les ouvrages étaient désignés par les premiers mots du texte. C'est plus tard qu'on donne de l'importance au nom d'auteur ; on commence même, dans l'ordre alphabétique, par ne tenir compte que des prénoms.

Lorsque paraît l'imprimerie, on voit bientôt les imprimeurs et les libraires eux-mêmes établir des catalogues dans un but mercantile. Catalogues des « Mess » ou foires, Catalogues de Plantin. Au XVIIIe siècle on fait des catalogues destinés au grand public. Au début du XIXe siècle paraissent les premières bibliographies nationales périodiques (*Journal de la Librairie*). En 1895, une Conférence décide la création du Répertoire Bibliographique Universel et fonde, pour le réaliser, l'Institut International de Bibliographie. (Pour le développement des faits, consulter les sources indiquées *in fine*).

133. **Travaux bibliographiques à faire.**

A toute personne désireuse de se familiariser avec la connaissance des livres, le Bibliothécaire en premier lieu, les travaux bibliographiques suivants sont recommandés :

1° S'initier aux grandes sources bibliographiques, instruments de toute investigation parmi les livres. (Voir sous n° 131 et, *in fine*, la liste des ouvrages à consulter). S'entraîner à y faire des recherches rapides.

2° Prendre une connaissance bibliographique des livres eux-mêmes. On examinera soi-même un à un, les livres en plus grand nombre possible. On doit apprendre à les connaître sur le rapport d'autrui, à la fois quant au contenant et quant au contenu. A ce dernier point de vue, sans porter soi-même de jugement sur le fond, on devra cependant savoir de quoi traite exactement un ouvrage et de quelle utilité il peut être pour ses lecteurs.

3° Lire régulièrement les périodiques spéciaux ou généraux qui rendent compte de la production littéraire récente.

4° Etablir soi-même des listes ou bibliographies d'ouvrages sur certaines questions, notamment sur les meilleurs livres à acquérir ou à conseiller, sur des questions d'actualité, des questions locales ou même des sujets spéciaux quelconques. Faire, à cet effet, les recherches nécessaires dans les sources.

5° Former une collection de sources bibliographiques en commençant même très modestement : prospectus, catalogues d'éditeurs, extraits de comptes rendus de périodiques et journaux, etc.

134. Services bibliographiques.

Des renseignements bibliographiques peuvent être obtenus à l'intermédiaire des services organisés qui élaborent des répertoires et collections ou qui en disposent.

I. — *Services nationaux.* — Service de la Bibliographie de Belgique. Commission de la Bibliographie nationale. — Offices de documentation et d'information organisés dans divers ministères (Affaires économiques, défense nationale, guerre, etc.)

II. *Services internationaux.* — Institut International de Bibliographie (Palais Mondial) : Répertoire Bibliographique universel, à ce jour 12 millions de fiches, Bibliothèque bibliographique de 20,000 unités, Catalogue collectif des bibliothèques (pour la Belgique 750,000 unités).

2. LA BIBLIOTHEQUE.

Il y a lieu tout d'abord de se former une conception de ce qu'est une bibliothèque, de ce que sont les divers types de bibliothèques.

Puis, une fois arrêté le type de bibliothèque qu'on se propose de constituer, il s'agit de procéder à sa formation et de la faire fonctionner. La bibliothèque est un organisme, une entité qu'on appelle à l'existence et dont on règle la vie selon des principes techniques et des méthodes rigoureuses. Les opérations à cette fin concernant les installations matérielles, le choix et les moyens d'acquérir les livres, l'organisation des livres en collection, leur utilisation, leur entretien, leur conservation.

21. CONCEPTION DE LA BIBLIOTHEQUE.

211. Notion, définition.

Par *Bibliothèque* on entend une collection d'ouvrages choisis selon certains principes directeurs, mis en ordre matériellement, catalogués selon un certain système, facilement accessibles aux travailleurs et assurés de conservation dans l'état que leur ont donné les auteurs et les éditeurs. La Bibliothèque réunit une partie des livres dont l'étude en soi a été faite sous la division 11 et a pour fonction d'organiser la lecture sous une forme collective.

Le mot *Bibliothèque*, dans un sens restreint, s'entend aussi des lieux aménagés spécialement pour rendre la lecture aisée et agréable.

Les Bibliothèques publiques dignes de ce nom sont des collections d'ouvrages systématiquement choisis dans toutes les branches des connaissances ou dans la spécialité qui fait l'objet de l'institution, parfaitement catalogués et largement mis à la disposition des lecteurs qui peuvent y recourir comme à de vastes offices d'information et de documentation.

Les Bibliothèques comprennent en même temps tout le produit du travail intellectuel et les moyens d'accroître ces produits. Elles sont à la fois les magasins, les laboratoires et les instruments de la science. Au point de vue de l'enseignement et de la diffusion des connaissances, elles sont les alliées et les compléments de l'Ecole et de l'Université, et doivent fonctionner comme éléments mêmes de l'organisation de l'éducation du Peuple.

La Bibliothèque publique est un organe collectif qui a pour but de socialiser la lecture et d'en faire un service public de l'ordre intellectuel et éducatif. Au lieu d'obliger chacun à se procurer individuellement des livres et à les lire chez lui, la bibliothèque réunit des collections mises à la disposition de tous et pouvant être consultées et lues dans des salles communes.

La Bibliothèque moderne s'est transformée. Elle était une force passive, une énergie latente, un simple potentiel d'énergie. Elle est devenue une force active pour la communauté, une énergie déclanchée. Elle est au premier chef, un organisme social.

La Bibliothèque publique est le véritable organisme social qui doit faire naître et développer l'intérêt du public pour les choses de l'esprit. Petites ou grandes, toutes les bibliothèques devraient aider à la diffusion de la pensée.

L'expérience prouve que ce ne sont pas les lecteurs qui manquent mais les bibliothèques qui sont inadaptées aux lecteurs.

La Bibliothèque est un « laboratoire », c'est le laboratoire ou atelier intellectuel outillé et agencé à cette fin. Carlyle a dit : « La véritable université, à notre époque, c'est une collection de livres. »

212. **Histoire des Bibliothèques.**

Il y eut des bibliothèques en Chaldée, en Perse, en Egypte (Osymandias) et leur origine remonte jusqu'au 3e millénaire. Les bibliothèques étaient alors logées dans les temples et avaient un caractère religieux. Athènes (Pisistrate), Bibliothèque d'Alexandrie (700,000 volumes) et de Pergame. Au IVe siècle, sous les empereurs, il y avait 29 bibliothèques à Rome. (Les immenses collections qui existaient à Rome dans le Temple de la Paix).

La chute de l'Empire romain amena la destruction des bibliothèques. Au moyen âge, les bibliothèques se reconstituent lentement dans les monastères et les écoles épiscopales. La fondation des Universités entraîna celle des Bibliothèques (la Sorbonne). A la Renaissance un grand développement se produit grâce à la protection des rois et des princes amis des lettres. La Révolution nationalisa les bibliothèques (Bibliothèque Nationale). Les temps modernes créèrent la Bibliothèque Publique, dont le type le plus accompli a été réalisé dans les Etats-Unis et l'Angleterre.

L'évolution de la Bibliothèque s'est faite parallèlement à celle du Livre, de l'Instruction et de la Culture intellectuelle. Mais son développement a influencé directement l'état général de la mentalité publique et de la recherche scientifique.

La constitution et la disposition intérieure des bibliothèques ont toutes une évolution influencée par le nombre croissant des livres existants et des lecteurs, obligeant à des modes de plus en plus resserrés d'emmagasinement, tout en permettant l'accès facile des livres.

Les anciens papyrus étaient disposés dans des casiers; les manuscrits du moyen âge dans des coffres. Plus tard on dispose les volumes (grands in-folio) sur des pupitres et on les y enchaîne. Puis les livres, rendus à la liberté, sont placés dans des armoires, le long des murs. Ensuite on a formé des alcôves et des étages. Les magasins ont été séparés de la salle de lecture dont les proportions deviennent toujours plus grandes. Plus récemment on a multiplié les salles de lecture que l'on spécialise et répartit à proximité des magasins spéciaux (Pour le développement des faits, consulter les sources renseignées *in fine*).

213. **Développement actuel des Bibliothèques.**

- Le mot bibliothèque est élastique, il s'applique à un meuble contenant quelques ouvrages ou à une collection de millions de volumes telle que celle du British Museum de Londres et de la Bibliothèque Nationale de Paris.

Les bibliothèques se sont, de nos jours, considérablement multipliées, elles ont ajouté à leurs services, leurs collections de livres se sont accrues, et le public s'adresse à elles en plus grand nombre. Exemples: bibliothèque possédant 3 millions de volumes (Paris, Nationale) ; desservant une moyenne de mille lecteurs par jour (Londres, Britsh Museum); disposant d'un personnel de 400 personnes (Washington, Library of Congress) ; ayant des sections pour les imprimés, les revues, les journaux, les manuscrits, les estampes, les photographies, la musique, les impressions pour aveugles, (Washington, idem).

En Angleterre, il y a 500 systèmes de bibliothèques, installés dans un millier de bâtiments. Cent millions d'ouvrages par an circulent dans les mains des lecteurs. A Croydon par exemple, agglomération de 200,000 habitants, 700 lecteurs se présentent par jour aux bibliothèques.

De 700 bibliothèques anglaises, la plus petite possède 5,000 volumes et toutes ont une salle de lecture avec journaux et revues et beaucoup une salle spéciale pour enfants.

Aux Etats-Unis il y avait, en 1915, 8,302 bibliothèques dont environ 3,000 possédaient au moins 5,000 volumes. Les riches particuliers (Carnegie, notamment), ont fait des donations importantes, mais l'impôt spécial pour les bibliothèques y rapporte 35 millions de francs. Le corps de l'Association des bibliothécaires américains comprend 4,000 membres. Beaucoup de ces bibliothèques ont des succursales et rayonnent vers les campagnes par des bibliothèques circulantes.

En Hollande on comptait, en 1919, 56 communes avec une ou plusieurs bibliothèques comprenant salle de lecture et avec une moyenne de 5,000 volumes.

En Belgique, en 1921, des 2,639 communes, il en est environ 1,500 qui ne possèdent aucune bibliothèque publique. Parmi les 1,600 reconnues par le Ministère, petit est le nombre de celles qui sont convenablement outillées, installées et dirigées (Rapport parlementaire Heyman). De ces bibliothèques, si l'on excepte celles de l'agglomération bruxelloise et des chefs-lieux de province, 601 possédaient moins de 300 volumes et 46 plus de 3,000 volumes. Ces bibliothèques fonctionnent en général comme service de prêts et n'ont point de salle de lecture.

La plupart des institutions qui portent le nom de bibliothèque, ne sont pas des bibliothèques publiques au point de vue moderne. Elles ne répondent que bien imparfaitement aux besoins de la communauté. Elles sont mal tenues, pauvrement éclairées, avec des rayons resserrés, montant jusqu'au plafond : le public ne peut faire choix d'un livre qu'en consultant un mauvais catalogue déchiré, souvent périmé, qu'on doit feuilleter hâtivement sur un pupitre à l'entrée de la salle. Les bibliothécaires sont généralement des personnes qui n'ont reçu aucun enseignement professionnel et qui sont si surchargées de travail et si occupées par leur carrière véritable, qu'elles ne sauraient montrer envers la Bibliothèque que peu d'activité et peu d'intérêt (Jessie-Carson).

214. **Les espèces de Bibliothèques.**

Il existe un nombre considérable de bibliothèques. Elles sont différenciées par le public à qui elles s'adressent (bibliothèques savantes et non savantes) ; par la nature des collections (bibliothèques générales et spéciales) (livres nationaux ou étrangers) ; par la sphère d'action sur laquelle s'étend leur organisation (bibliothèques communales ou municipales, régionales ou provinciales, nationale, internationale).

On peut classer les bibliothèques de la manière suivante :

1° Les grandes bibliothèques nationales : elles ont pour but de conserver toute la production nationale et de former de grandes collections générales, en vue des études et des recherches de toute nature.

2° Les bibliothèques publiques, établies dans tous les centres de population et destinées à multiplier les facilités de lecture et d'étude pour le public en général.

3° Les bibliothèques des institutions scientifiques d'étude ou d'enseignement : universités, instituts, observatoires, musées, jardins botaniques, etc.

4° Les bibliothèques des administrations publiques : ministères, parlements, municipalités, services publics de toute espèce.

5° Les bibliothèques des associations scientifiques, des corps savants et des sociétés qui poursuivent des buts d'intérêt général dans tous les domaines de l'activité.

6° Les bibliothèques des associations et des institutions internationales, dont l'objet est de réunir autant que possible les publications de tous les pays relatives à leur spécialité.

Ces dernières catégories de bibliothèques sont particulièrement intéressantes à raison de leur spécialité. Elles sont avant tout destinées à leur personnel, s'il s'agit d'institutions, à leurs membres, s'il s'agit d'associations. Toutefois elles sont généralement accessibles aux travailleurs qui en sollicitent l'usage.

Les bibliothèques peuvent aussi être disposées spécialement pour diverses catégories de lecteurs. Les grandes catégories sociales s'affirment ici : les hommes et les femmes, les enfants, les vieillards; les malades, aveugles, prisonniers, les travailleurs de l'agriculture, des industries, des mines, de la pêche, les employés, etc.

215. **La Bibliothèque publique.**

La Bibliothèque publique dont la nouvelle législation belge a consacré le type, ne peut être considérée comme une œuvre de charité mais comme un véritable service public, comme une branche principale de l'enseignement post-scolaire. Elle doit, à ce titre, être au premier chef un facteur puissant du développement intellectuel et moral de la nation.

La Bibliothèque publique ou Bibliothèque municipale est entretenue au moyen de taxes ou de dons volontaires. Elle fonctionne dans le cadre de la loi. Elle n'est pas réservée à une classe spéciale comme les bibliothèques de sociétés savantes ou d'universités; elle est destinée à la communauté, à toute personne.

La bibliothèque municipale, dit M. Cojecque, dans ses publications récentes, est faite pour tout le monde. Elle s'adresse à tous, elle est collectivement la bibliothèque personnelle de chacun, les uns y trouvant le complément de celle qu'ils possèdent, les autres la compensation de celle qu'ils n'ont pas. Distraire, instruire, informer, voilà, dit-il, le programme intégral de la bibliothèque municipale.

Les bibliothèques municipales offrent ce trait commun: œuvre de vulgarisation scientifique et littéraire en même temps que centres d'information pratique, elles ne sont pas comme les savantes, des conservatoires dont les effectifs, gardés et perpétués, s'accroissent indéfiniment; chez elles les livres passent et ne demeurent; il s'agit ici moins de quantité que de qualité; la bibliothèque met à la disposition du public ce qu'il y a de meilleur et de plus récent, pour la forme, pour le fond, et pour l'un et l'autre, et en l'espèce, ces deux termes sont souvent connexes; dans les domaines scientifiques, techniques, professionnels, sociologiques, l'ouvrage tenant compte des derniers progrès ou de la dernière législation; en littérature, des représentants de tout le mouvement contemporain, des spécimens de tous les genres, des produits de toutes les écoles; pour les classiques des éditions récentes, aussi attrayantes qu'étaient retardataires celles de la vieille pédagogie, dans les domaines de l'histoire, l'ouvrage qui utilise les prodigieuses ressources de la photographie et de ses dérivés industriels.

La Bibliothèque municipale est doublement encyclopédique; elle embrasse à la fois l'ensemble des connaissances et l'ensemble de la population; il n'y a pas une branche du savoir qui n'y trouve sa place; il n'est personne dans la cité qui n'ait intérêt à s'en servir, ne fût-ce que pour apprendre ou connaître ceux qui la fréquentent régulièrement.

La Bibliothèque est un des organes de la vie collective, ni plus ni moins nécessaire ou superflu que les autres, le réservoir, le gazomètre, le marché ou l'école; c'est le magasin d'approvisionnement intellectuel. C'est en dernière analyse, et par-dessus tout, l'atelier où doit se former l'esprit public, dans des conditions supérieures à celles que comportent les deux autres façonniers de l'opinion, la conférence et le journal.

Une bibliothèque n'est pas un « magasin de livres où l'on se borne à distribuer des numéros »; c'est une œuvre d'enseignement public dont peuvent et doivent dépendre dans une large mesure l'éducation de la nation et la formation de l'esprit public.

Les principes exposés dans ce cours ont pour but d'établir la bibliothèque suivant des données rationnelles. L'ensemble des livres que la bibliothèque contient forme un organisme dont toutes les parties sont solidaires. Embrassant l'intégralité des connaissances, elle est encyclopédique; disposant les ouvrages suivant les cadres d'un ordre rigoureux, elle est conforme à la classification des connaissances. Semblable bibliothèque est l'image de la science elle-même; ses livres, pourvu qu'ils soient choisis parmi les meilleurs, les plus clairs et les plus récents, sont l'expression écrite même des connaissances. Dépositaires du savoir, ces ouvrages sont des maîtres qui parlent quand on les interroge et à eux tous ils constituent une véritable université littéraire, où sont représentées toutes les branches de l'enseignement par la lecture.

216. **Bibliothèques pour enfants.**

Il existe des bibliothèques spéciales pour enfants (de 8 à 14 ans). Il existe aussi des sections enfantines dans les bibliothèques générales. — Le progrès de la lecture, dans la Nation, par l'initiation de la jeunesse. — Choix scrupuleux des meilleurs livres et en quantité suffisante. — Intervention plus active du bibliothécaire auprès des petits lecteurs. L'heure du conte dans la bibliothèque et à l'école. — Résumé, par l'enfant, des livres lus. — En Angleterre, les bibliothèques pour enfants ont donné lieu à une circulation de 100,000 volumes par an.

Organisation. — Les bibliothèques pour enfants peuvent exister spécialement à cet effet ou comme département d'une autre bibliothèque, ou comme bibliothèque dans les écoles. Salles pour enfants: partie pour la lecture sur place, partie pour le prêt à domicile. Tables pour permettre aux enfants de faire leurs devoirs. Tables pour les revues d'enfants; tables pour les ouvrages de références.

Livres pour enfants. — Quatre catégories: *a)* alphabets historiés pour enfants ne sachant pas lire ; *b)* ouvrages similaires avec une certaine quantité de textes simples, pour enfants en dessous de neuf ans; *c)* livres pour enfants de neuf à douze ans; *d)* livres pour enfants au-dessus de 12 ans.

Catalogue des bibliothèques pour enfants. — Se représenter que l'enfant doit pouvoir se servir de tels catalogues. Eviter que leur terminologie ne soit celle des adultes. Les rubriques du catalogue s'inspireront des titres des livres mêmes. On évitera les abréviations et signes bibliographiques. (Voir un exemple d'application de la Classification décimale à de tels catalogues dans Berwick Sayers, *The Childrens library,* p. 56.)

La Bibliothèque à l'Ecole. — L'Ecole doit aider la Bibliothèque à apprendre à lire systématiquement et avec fruit, apprendre à manier et respecter les livres. Petites bibliothèque à l'école même; envoi des enfants à la bibliothèque publique pour compléter, par des lectures, les leçons données ou à préparer. Les livres classiques des écoliers constituent le noyau de la bibliothèque personnelle qui deviendra la bibliothèque de la famille; complément désirable de ces livres par des introductions et des tables des matières les reliant les uns aux autres et en faisant de petites encyclopédies bien étudiées. Réciproquement la Bibliothèque doit aider l'Ecole : utilisation des loisirs et des vacances des écoliers; fourniture à l'école de livres de lecture.

217. **La Bibliothèque du particulier.**

Composition. — La bibliothèque du particulier doit être conçue d'après des principes rationnels en tenant compte des ressources dont on dispose pour les acquisitions, de l'espace pour les emmagasiner, du temps nécessaire pour la mise en ordre et des soins à donner aux ouvrages.

En principe, il n'est pas désirable pour la généralité des particuliers, d'avoir des quantités de livres, mais il leur faut en posséder de bons, de beaux et, pour les questions scientifiques, de modernes. La bibliothèque privée se composera de trois sortes de livres: 1° un fonds encyclopédique, choix d'ouvrages généraux ou livres de références sur toutes les matières, permettant, sinon d'étudier, du moins d'avoir immédiatement quelques notions sur n'importe quelles questions rencontrées au cours de la vie et des études; 2° les ouvrages relatifs à la spécialité, à la profession, aux études et aux occupations courantes. Ces livres-là doivent être aussi complets et aussi nombreux que possible; ils ne devront pas se borner strictement à la spécialité, mais comprendre aussi des ouvrages relatifs aux branches auxiliaires; 3° les ouvrages relatifs aux questions qui intéressent occasionnellement.

La place des livres que l'on ne consulte plus ou que l'on consulte très peu est dans les bibliothèques publiques. Il y a même, pour un homme d'étude, un intérêt réel à éviter l'encombrement chez lui. Le mieux est de remettre en dépôt ou de faire don aux bibliothèques publiques et spécialement à celles des sociétés scientifiques dont il fait partie, les ouvrages inutilisés par lui, notamment les ouvrages surannés et ceux relatifs à des questions étudiées occasionnellement et dont il ne s'occupe plus. Il est certain ainsi de pouvoir retrouver ces livres le jour où il pourrait en avoir besoin, ceux-là et tous les autres sur la même question, que posséderait la bibliothèque. — La Bibliothèque Collective à laquelle coopère l'Institut de Bibliographie, est établie de manière à recevoir semblables dons et elle les sollicite.

Méthode. — Les méthodes pour l'organisation des bibliothèques en général sont applicables aux bibliothèques des particuliers, notamment en ce qui concerne le placement des ouvrages sur les rayons et le catalogue.

22. LES METHODES. LA TECHNIQUE BIBLIOTHECONOMIQUE.

221. Importance des méthodes.

La question des méthodes domine l'art des bibliothèques comme elle domine l'art de toutes les autres disciplines. Par les méthodes, le bibliothécaire est nanti des moyens qui lui donnent sa compétence et sa technicité.

222. Principes de la technique.

La technique repose sur ce principe fondamental : appeler à l'existence réelle des conceptions et des idées. en tenant compte des conditions de l'espace et du temps. Les opérations dans la bibliothèque s'inspirent de ce principe et peuvent ainsi être définies une distribution adéquate des objets, des ressources et des énergies, selon le lieu et le moment. « A vrai dire, dit E. Coyecque, tout est *technique*, en d'autres termes, pour faire une chose et pour la bien faire, il faut avoir appris à la faire. »

Toute technique, pour guider efficacement l'action, doit être fondée sur la science de l'objet dont elle s'occupe. La technique des bibliothèques doit reposer sur la science bibliologique.

223. **Les systèmes et leur choix.**

La science bibliologique est une; elle est objective, elle décrit ce qui existe, elle explique ce qui est par une systématisation théorique qu'elle s'efforce de rendre simple et une. La pratique ou application de cette science par la Bibliothéconomie n'a pas, nécessairement, cette unité. Il est diverses manières d'atteindre un même but, diverses méthodes pour opérer un même travail. Aucune méthode ne saurait être parfaite, car elle est humaine, mais il y a des méthodes spérieures les unes aux autres. Pour élaborer une méthode et pour juger de sa valeur, il est nécessaire de bien concevoir le but à atteindre, de définir ses conditions et desiderata, de considérer ensuite les moyens possibles et, enfin, de choisir, parmi eux, celui qui offre le maximum d'avantages et le minimum d'inconvénients.

Un enseignement ne saurait être confondu avec une instruction de réalisation. Un enseignement doit faire connaître les principales méthodes sans en imposer aucune. Au contraire, les instructions nécessaires pour effectuer un travail doivent éliminer et toute théorie, laquelle est supposée connue, et toutes les variantes autres que celle qui est adoptée et tous les détails de cette variante jugés superfétatoires pour le but à atteindre. Mais qu'il s'agisse d'une pure conception, comme dans l'enseignement ou d'une application concrète comme la réalité d'une bibliothèque déterminée, un principe devra toujours dominer. Les méthodes doivent être rationnelles et systématiques. Elles se distinguent par là de l'empirisme et des simples « recettes ». Tout doit y être raisonné à fond et dans le plus petit détail, rien ne doit être abandonné à l'arbitraire et au hasard. Une bibliothèque se construit, s'organise et s'administre comme on conçoit, on construit et on conduit une machine. Elle est elle-même une grande machinerie dont toutes les pièces sont choisies, mesurées, disposées, agencées en vue des buts à atteindre. Toute méthode à mettre en œuvre constitue ainsi un système dont chaque élément réagit sur tous les autres, suivant sa logique propre et les nécessités qui lui sont inhérentes. C'est l'unité du système adopté qui doit déterminer les sélections et les éliminations. La pire des méthodes est celle qui est bâtarde et réunit des éléments au hasard.

Les méthodes, étudiées objectivement, doivent donc conduire à la détermination de systèmes, fragmentaires et particuliers d'abord, d'un système général ensuite. Ce système sera l'image intellectuelle de la formation et du fonctionnement de la Bibliothèque et, inversement, celle-ci ne sera que la réalisation matérielle, à la fois statique et dynamique, d'une telle image. Ainsi conçues, les diverses méthodes enseignées doivent tenir compte, à titre historique ou comparatif, de toutes les méthodes principales. Elles doivent aussi être un stimulant à l'invention de nouveaux perfectionnements qui pourront être incorporés au système préconisé.

Tels sont les rapports entre la théorie et la pratique, entre les méthodes, le système général et le système particulier adopté pour une bibliothèque déterminée et décrit dans les instructions de celle-ci.

L'enseignement, bien compris, a donc avantage à reposer sur un système général, mais à condition que soit bien comprise toute la « relativité » de ce système, à condition qu'il se présente avec toute la souplesse voulue pour s'adapter à toutes les circonstances propres à des bibliothèques déterminées.

Mais quel que soit le système adopté dans une bibliothèque, l'essentiel c'est qu'il y ait un système, qu'il soit appliqué et qu'on s'y tienne. Le système exposé dans ce cours, tout en ne concernant que les bibliothèques publiques de petite et de moyenne importance, repose sur les méthodes de l'Institut International de Bibliographie. A l'aide de ses congrès, commissions et sections, cet institut s'est efforcé de dégager un système universel et international, unifié et standardisé, susceptible en matière de bibliographie et de documentation, de réaliser partout l'ordre nécessaire, de faciliter la coopération et de rendre possible une organisation générale du livre.

23. LES LOCAUX ET LE MATERIEL.

231. Les locaux.

Situation. — 1. Situation centrale. — 2. Exposition à l'Est: le Midi favorise l'éclosion des insectes et l'Ouest engendre l'humidité. — 3. Eviter le voisinage de la poussière et ce qui peut la faire naître. — 4. Eviter un voisinage bruyant. — 5. Eviter, pour les dépôts de livres, les rayons du soleil qui abiment les reliures et jaunissent le papier.

Architecture et décoration. — L'aspect extérieur et intérieur doit être riant. La décoration des salles, l'architecture des bâtiments méritent toute l'attention. Importance d'une ornementation artistique de bon goût. Des œuvres admirables ont été réalisées en Angleterre et en Amérique. (Voir les ouvrages spéciaux.) — L'idéal est un immeuble séparé, dans un jardin. Prévoir l'avenir, les agrandissements.

Types des locaux. — Selon les lignes d'un développement progressif, on peut passer par les stades suivants :

1° Simples rayons dans une salle ayant une autre destination. (Par ex. : salle d'Ecole) ; 2° Salle unique mais exclusivement consacrée à la bibliothèque; 3° Appartement. (Salle de lecture, magasin, vestiaire) ; 4° Bâtiment spécial entièrement consacré à la bibliothèque; 5° Complexe de bâtiments affectés à toutes les institutions postscolaires et sociales et dont la bibliothèque soit le centre. (Ex. : La maison de tous, le mémorial de la guerre aux Etats-Unis.)

Composition des locaux. — Il y a lieu de prévoir une ou plusieurs salles de lecture; une ou plusieurs salles de dépôt, une salle de manutention (arrivage et, éventuellement catalogage), un cabinet pour le chef bibliothécaire, vestiaires pour les lecteurs et pour le personnel, avec remisage de bicyclettes; installations sanitaires et lavabos (importance de la propreté).

Rayons et magasin de livres.— Systèmes divers suivant l'étendue des collections : 1° Rayons disposés dans la salle de lecture; en hémicycle, pour permettre l'accès libre des rayons tout en facilitant le contrôle; 2° Rayons placés dans une salle voisine, à l'abri du vol et de la poussière; 3° Rayons placés dans des salles éloignées, s'il est nécessaire, mais mis alors en communication facile par monte-charge, téléphone, etc.

L'Eclairage. — Lumière naturelle abondante, sans point d'éblouissement; lumière venant d'en haut ou de gauche. — Lumière artificielle : électricité bien tamisée, (verre mat ou abat-jour), ou gaz avec bec à incandescence. La meilleure lumière est l'électricité : le gaz endommage les livres. — Arranger les tables des lecteurs de manière qu'elles reçoivent le maximum de lumière sur toute leur surface. Eviter que l'ombre d'un lecteur soit projetée sur la place occupée par un autre lecteur. Laisser assez de place pour que les lecteurs, en passant, ne dérangent personne. — Eviter de placer les rayons à contre-jour. Quand la lumière vient de côté, les rayons doivent être placés le long des murs; si la lumière vient d'en haut, on peut les placer en alcôve ou perpendiculairement aux murs. Des rideaux doivent intercepter les rayons du soleil trop fort.

Le Chauffage. — Précautions contre l'incendie, la poussière, l'air trop sec. Température élevée préjudiciable au travailleur intellectuel (18° maximum). Le chauffage par radiateurs à eau chaude est le meilleur. Les feux ouverts sont dommageables pour les livres.

L'Aération. — Elle se fait par les fenêtres pour les salles occupées par les personnes. Trous d'aérage et ventilateurs électriques. On a construit récemment des magasins hermétiquement clos, dont l'air était renouvelé seulement par des ventilateurs (envoi d'air purifié de toute poussière.)

Nettoyage. — Précautions contre la poussière. Avantages des aspirateurs de poussière par le vide. (Voir n° 273.)

232. Le matériel, le mobilier et les accessoires.

Le matériel est constitué par l'ensemble des éléments qui, en dehors des livres eux-mêmes sont indispensables à la bibliothèque : tables et sièges, rayons, fichiers et classeurs.

Quelques principes généraux guideront le choix :

Se contenter de ce qu'on a si l'on ne peut avoir mieux. Mobilité et interchangeabilité des parties. Choix d'un type complet, standardisé, pouvant se multiplier indéfiniment et réserver le plus de place. Simplicité, confort, bon goût, parfait état d'entretien.

Sièges : Sièges mobiles, rondelles de buffle ou de feutre sous les pieds pour supprimer le bruit. La chaise avec dossier est désirable au lieu des bancs trop fatigants. Le fauteuil à dossier bas, prenant les reins, et donnant un support aux bras, est recommandable.

Tables: Tables de bois vernies, lavables à l'eau. Eviter les unités trop grandes se prêtant mal aux arrangements et changements. Pupitre pour la lecture debout recommandable.

Rayons. — Il y a plusieurs espèces de rayons (corps de bibliothèque, casiers) :

A. — Rayons fixes. Tenons, mortaises ou tasseaux.

B. — Rayons mobiles. Crémaillères ou clavettes.

C. — Rayons extensibles : Système économique en bois, à sections démontables.

D. — Bibliothèque roulante, par rail suspendu, largeur maximum de rayon, un mètre, rayon double face. Réalise un magasin compact de livres, utilisant jusqu'aux deux tiers du cube de l'espace dont on dispose (type de la Bibliothèque choisie.)

E. — Armoires pour documents précieux.

Les desiderata concernant les rayons, sont les suivants :

1° Hauteur maximum : accessible sans escabeau (2 mètres) ;

2° Nombre maximum de rayons superposés (6 ou 7) ;

3° Adaptation des rayons à la hauteur des ouvrages;

4° Enlèvement facile des rayons avec leur contenu; leur interchangeabilité;

5° Divisibilité par fractions unitaires;

6° Démontage et remontage aisé et rapide.

7° Solidité et incombustibilité. (Ex. entièrement en métal ou montants en métal, rayons en verre coulé, ardoise, bois sec.)

8° Porte-étiquettes adaptés aux rayons;

9° Support des livres sur les rayons empêchant que les ouvrages ne se renversent;

10° Modération des prix.

Corps de bibliothèque.
Système à rayons mobiles, montants métalliques, tablettes en tôle ou en bois.

Fiches et Fichiers.

La fiche est un feuillet de papier de dimensions déterminées, toujours les mêmes et sur lequel on inscrit un renseignement tenu pour unité d'un ensemble formant collection de renseignements similaires. Cette collection, bien aménagée, constitue un **répertoire,** lequel est disposé selon un certain ordre de classement arrêté à cet effet.

L'emploi des fiches permet l'intercalation indéfinie de nouveaux renseignements, tout en leur assurant un classement parfait. Il facilite aussi la rectification des erreurs ou omissions; il force l'attention de celui qui les consulte à se porter individuellement et sans distraction, sur chaque renseignement. Le format universel des fiches adopté par les Congrès, est 0 m. 125 sur 0 m. 075, placement dans le sens de la plus grande largeur.

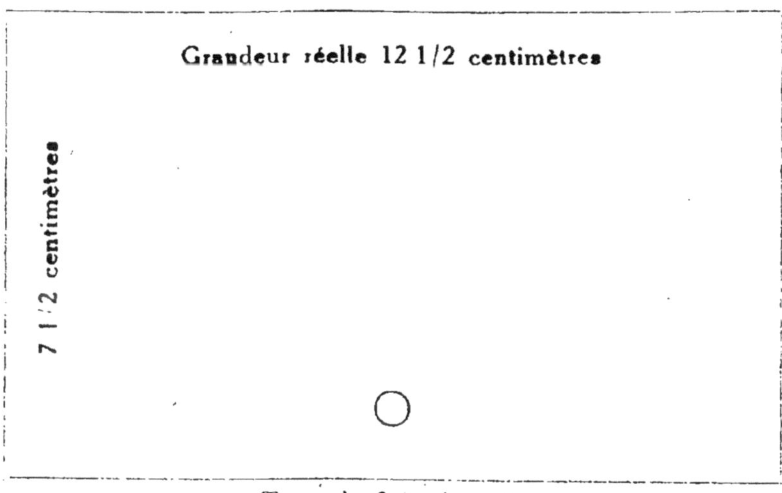

Type de fiche blanche

Les fiches sont perforées au talon afin de pouvoir être maintenues en place, soit par tringle mobile, dans les fichiers ou classeurs, soit par un cordonnet, lorsqu'on se borne à les liasser ou à les réunir dans des carnets de poche.

En principe, la fiche est blanche. Les sous-multiples de la fiche, par pliage et découpage, servent aux étiquettes a) demi-fiche pour les cartons classeurs à brochure, b) 1/4 pour les tiroirs classeurs, c) 1/4 en long pour les étiquettes de rayons, d) 1/6 pour les étiquettes de volumes.

Les fichiers permettent de former de véritables livres à reliure mobile. Ils sont de toutes grandeurs, depuis le

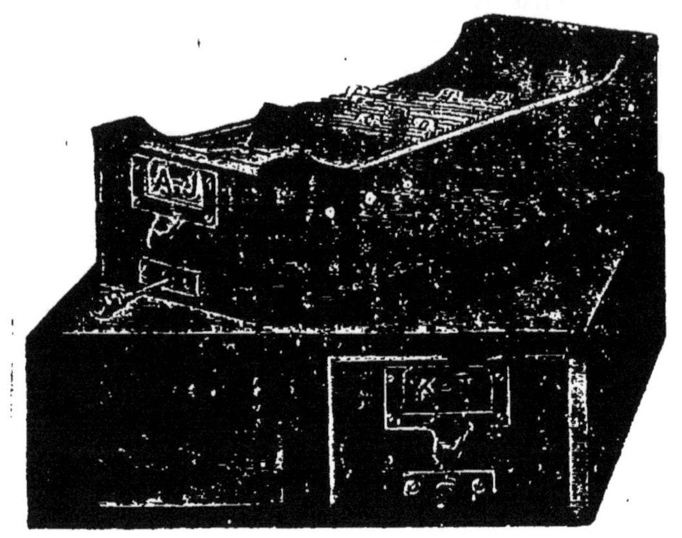

Fichier à deux tiroirs

Fiches liassées.

Fiches en carnet.

carnet de poche, les petits baquets de table et le classeur à deux tiroirs jusqu'au type maximum qui comprend 72 tiroirs.

Des fiches de couleur, plus hautes et diversement découpées (becs ou encoches) servent à marquer, d'une manière ostensible, les subdivisions que l'on introduit dans les répertoires. Elles sont intercalées de distance en distance, selon les besoins, dans la série des fiches qui portent les renseignements eux-mêmes.

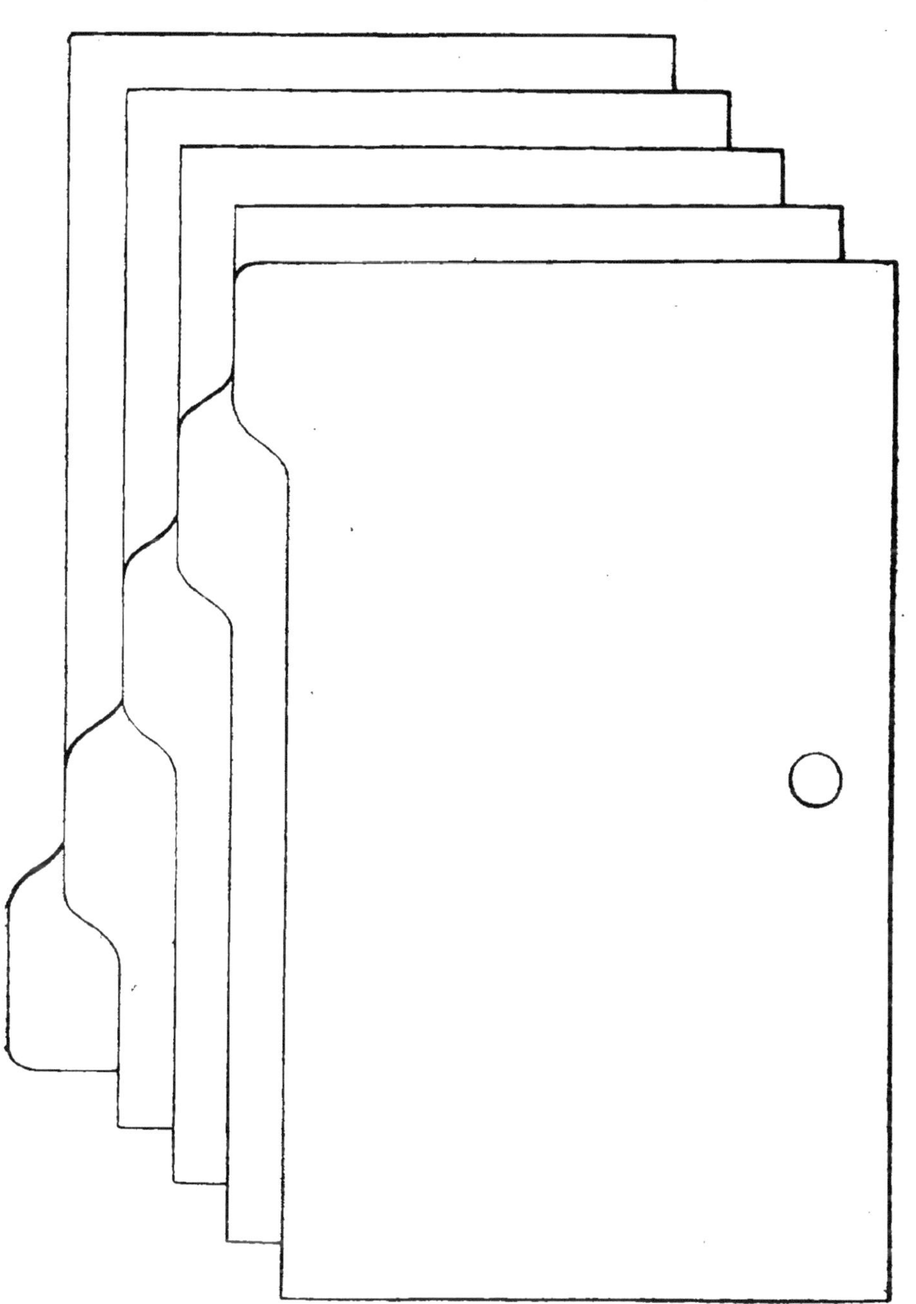

Types de fiches divisionnaires. — Type C, à bec.

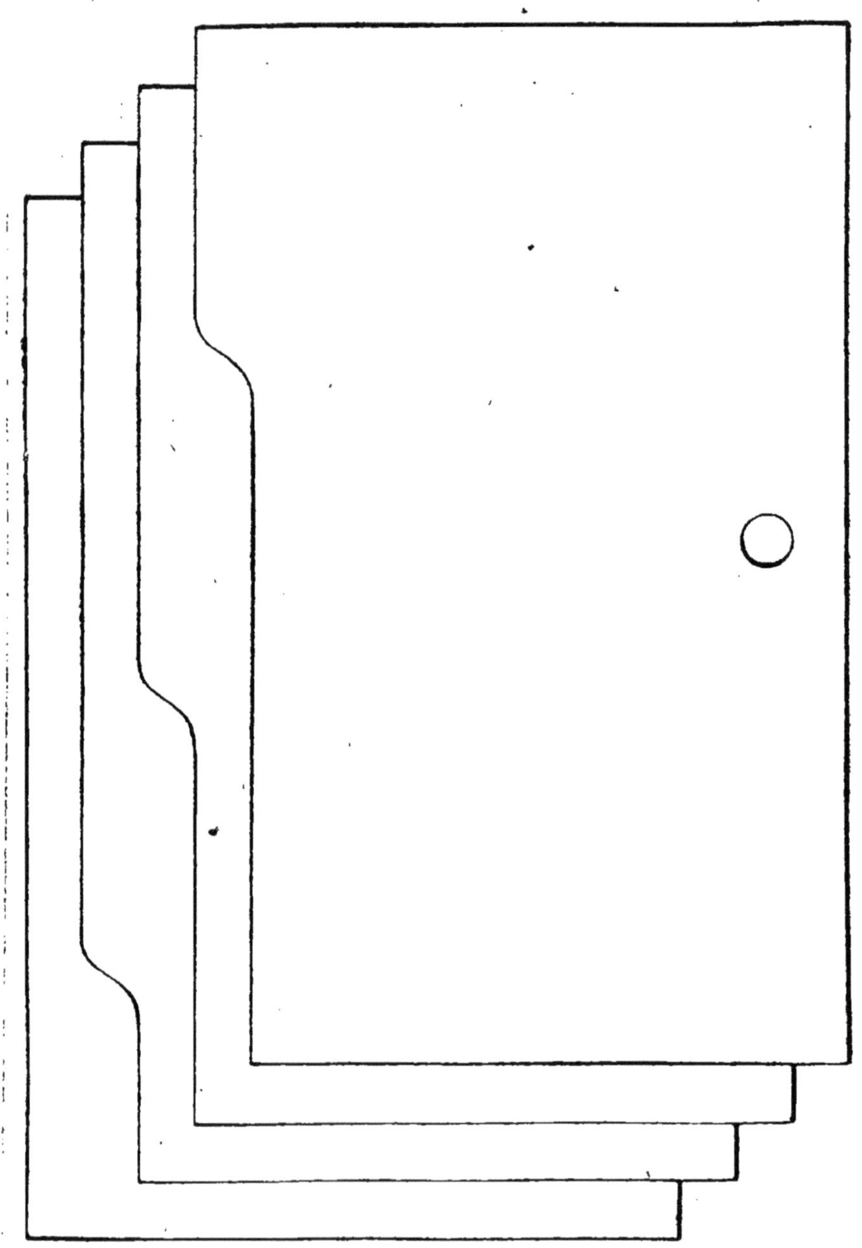

Types de fiches divisionnaires. — Type D, à encoches.

Pour les Archives documentaires et pour les Archives administratives, on adopte le format 0,275 x 0,215. Les feuilles ou les pièces de ce format, ou celles ramenées par pliage à ce format, sont déposées dans des chemises (dénommées improprement fardes) formant portefeuille ou dossiers. Ceux-ci sont disposés dans des classeurs (tiroirs, cartons, ou caisses en bois) à classement vertical, comme les fichiers. De grandes fiches divisionnaires en carton servent à y marquer le groupement.

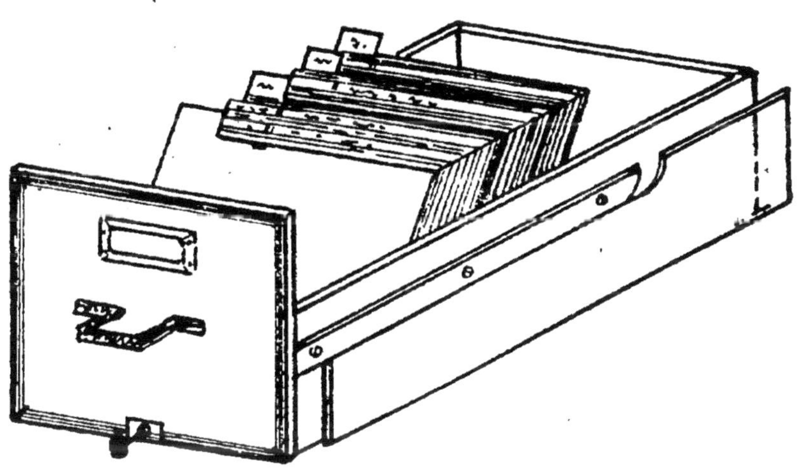

Classeur vertical. Tiroirs pour dossiers.

Simplifications. — Avec des ressources moindres on simplifiera le matériel :

1° pour les livres: simples planches de voliges, sectionnées à la longueur d'un mètre et montées en étagères fixes ;

2° pour les catalogues et répertoires sur fiches: boîtes en bois blanc ou en carton; fiches blanches en papier ordinaire au lieu de bristol ou cellulose; fiches divisionnaires découpées aux ciseaux et faites de fort papier d'emballage ou de couverture, couleurs conventionnelles indiquées par des marques aux crayons de couleur.

3° Pour les dossiers documentaires : cartonniers ordinaires à placement horizontal ou portefeuilles à cordons placés sur les rayons comme les livres. Ces derniers, au moment de la consultation, se placent dans un baquet à parois inclinées, ce qui réalise les mêmes conditions que le classement vertical.

235. **L'Installation.**

Possédant les locaux, possédant le matériel et le mobilier, il reste à procéder à l'installation. Celle-ci consiste à créer la meilleure organisation matérielle des objets, en vue de leur destination. Un plan judicieux présidera à la disposition des tables, des chaises, des rayons, au choix, de ce qui devra être rassemblé ou éloigné. Par exemple, il y aura des livres de référence dans la salle de lecture, le catalogue sera à portée des lecteurs, le personnel de la bibliothèque sera assis à la place la plus favorable pour le contrôle et l'assistance, etc.

24. **LES LIVRES DE LA BIBLIOTHEQUE.**

241. **Choix des livres.**

241.1. *Principes du choix des livres.*

1° La bibliothèque publique doit être encyclopédique. Elle aura des ouvrages variés relatifs à tous les domaines de connaissances. Elle développera ses collections par cercles concentriques.

2° La bibliothèque possédera les grands ouvrages qui font époque dans la formation de l'humanité. Des listes en ont été dressées par Peignot, Comte, John Lubbock, Jules Lemaître.

3° La bibliothèque possédera les ouvrages sur les questions du jour (Actualités), livres venant de paraître ou publications anciennes.

4° **L'homme a besoin de lire** beaucoup de livres; la vie est courte; le temps et l'énergie sont limités ; la règle, dès lors, doit être d'écarter les livres les moins bons. Dans une bibliothèque publique, on ne vise nullement à faire des accumulations de livres, mais à rendre au contraire entièrement productive une collection. Le meilleur livre doit chasser le moins bon. En principe on aura moins de livres, mais de meilleurs livres. La sélection, le choix, ont une importance capitale.

Ecarter les ouvrages insignifiants et les ouvrages immoraux. Acheter le meilleur livre en toute matière, quel qu'en soit le prix et le lieu d'origine.

5° Ecarter les ouvrages de science déjà anciens et qui ne font pas époque. Rajeunir constamment le fond des bibliothèques publiques. Offir à un ouvrier un traité d'électricité qui remonte, disons à quinze ans, c'est le tromper. Les vieux livres doivent être amortis comme on amortit tout outillage.

6° Préférer les ouvrages illustrés pour les livres scientifiques mais, pour les œuvres littéraires, il vaut mieux ne pas les avoir illustrées, si les illustrations ne sont pas bonnes.

7° Acquérir des ouvrages pour des lecteurs de divers degrés de formation intellectuelle et de divers types mentaux. (Voir n° 125 Psychologie bibliographique.)

8° Acquérir non seulement les meilleurs ouvrages mais les meilleures éditions, et profiter des meilleures occasions.

9° On peut éliminer d'une bibliothèque des ouvrages qui ne rentrent pas dans son cadre. Afin d'établir un fond plus cohérent, il y a utilité à les transférer dans des bibliothèques scientifiques. (Voir n° 217, alinéa 3.)

10° La bibliothèque doit faire la part la plus large aux livres des auteurs nationaux, car ils parlent la langue la plus facile à comprendre de la plupart et il y a un devoir de faire connaître ces écrivains.

241.2. *Diverses catégories d'ouvrages.*

Livres. — Œuvres d'imagination et de formation pour enfants, adolescents et adultes; livres d'histoire et récits de voyage; manuels de science et de technique, d'hygiène, d'enseignement, de culture artistique et morale, de littérature; documentation aussi complète que possible sur les divers métiers et professions; sur l'économie politique et domestique; sur les devoirs et obligations des citoyens (éducation civique). Livres instructifs, livres de formation professionnelle, livres d'action.

Livres de Références. — Dictionnaires, encyclopédies, ouvrages pour l'étude des langues, guides de voyage. — On donne de l'importance à la collection dite « commerciale » qui est conçue en vue surtout des renseignements d'ordre pratique dont les habitants ont besoin, depuis les annuaires jusqu'aux horaires des trains.

Publications officielles. — Moniteur, recueil des lois, périodiques publiés par les grandes administrations publiques.

Périodiques. — Leur importance croit chaque jour. Il y a des revues générales et des revues spéciales; les premières tiennent le public au courant des progrès en toute matière, les secondes sont des sources d'information de premier ordre pour l'exercice de toute profession. Par le mélange des matières, scientifiques et récréatives, les revues générales entraînent insensiblement aux lectures sérieuses.

Journaux. — La place de cinq à six journaux bien faits, est marquée dans la bibliothèque modèle. Les journaux sont des organes des partis politiques et beaucoup d'entre eux, de nos jours, sont aussi des entreprises poursuivant un but de lucre. De là, le plus souvent, la partialité de leurs articles, l'omission, la dénaturation même que l'on constate dans leurs informations. Néanmoins les journaux font plus de bien que de mal, surtout si l'esprit prévenu se tient à leur égard, dans une attitude critique. « La lecture du journal crée, dans chaque individu, la conscience de l'humanité, en le mettant chaque matin en relation avec le monde entier et en substituant ainsi, dans son esprit, la notion de l'intérêt général et de l'universel, à celle du particulier et de l'intérêt privé. » Dans les bibliothèques les lecteurs doivent trouver une collection de journaux capable de leur éviter l'écueil des opinions basées sur une information insuffisante et unilatérale. Leur nombre sera proportionnel à l'importance de la bibliothèque. Dans les bibliothèques anglaises on a établi une salle spéciale pour la lecture des journaux. On peut les lire debout et les numéros sont étalés sur des meubles spéciaux en forme de pupitres. Parfois ils sont suspendus à des tringles et après les avoir choisis, on les lit assis.

Livres pour les enfants. — Ouvrages pour les divers âges (enfance et jeunesse) voir n° 216. Livres destinés à aider dans leur tâche les maîtres de l'enseignement qui devraient pouvoir renvoyer leurs élèves à la consultation d'ouvrages trop coûteux, à la bibliothèque même.

Fonds spéciaux. — La bibliothèque, à côté de son fonds général, développera certaines sections d'après les circonstances locales : l'histoire locale ou régionale (ouvrages traitant de la localité, y imprimés ou émanant d'auteurs qui y sont nés), spécialité économique (industrie, commerce, agriculture), études spéciales poursuivies par des sociétés locales, etc. Des catalogues développés en seront établis, éventuellement en annexe au catalogue général.

Documents. — Les documents autres que les ouvrages (petits imprimés, articles de journaux et de revues, illustrations, notes manuscrites) seront collectionnés à raison de l'intérêt qu'ils présentent. Ils seront réunis en dossiers formant archives documentaires (format 0,275 x 0,215) placées de préférence dans des classeurs verticaux avec application de la classification décimale.

241.3. *Marche à suivre pour le choix des livres.*

La formation d'une bibliothèque ne saurait être livrée au hasard des circonstances. Il faut des principes, une méthode. Le premier acte est l'élaboration d'un programme ou plan des acquisitions. Elle comprend quatre opérations : 1° Relever les grandes classes d'ouvrages dont il y a lieu de posséder des exemplaires. La table générale de la classification bibliographique aidera à ce travail. 2° Déterminer la proportion du nombre d'ouvrages total entre ces différentes classes à raison des disponibilités matérielles. On s'aidera des coefficients théoriques et expérimentaux établis à cet effet. Voici, d'après Brown, un tableau du pourcentage des ouvrages de chaque classe qu'il y a lieu de représenter dans une bibliothèque publique :

Science	8 p. c.
Art appliqué	7 p. c.
Beaux-Arts	7 p. c.
Sciences sociales	8 p. c.
Théologie	6 p. c.
Histoire et voyage	15 p. c.
Biographie	8 p. c.
Langage et Littérature	5 p. c.
Poésie et Drame	6 p. c.
Roman	20 p. c.
Miscellanées	10 p. c.
	100 p. c.

3° Fixer, d'après les ressources financières, s'il s'agit d'achats, ou d'après les autres moyens dont on dispose, le nombre absolu minimum de livres dont il y a lieu de composer la bibliothèque. Les bibliothèques sont de toute étendue; on a établi des types de 50, 100, 300, 500, 1,000, 3,000, 5,000, 10,000, 15,000, 50,000 ouvrages, pour ne pas parler des toutes grandes bibliothèques.

4° Déterminer pour chaque classe les meilleurs ouvrages. On recourt, à cette fin, à l'outillage bibliographique: listes choisies, catalogues types, bibliographies critiques, Répertoire bibliographique universel.

5° Il existe des « collections » scientifiques publiées spécialement pour être mises à la disposition du grand public. Beaucoup d'entr'elles portent le titre de « Bibliothèque » ou « d'Encyclopédie ».

Des églises, des sectes philosophiques, des gouvernements exercent leur autorité pour juger les livres. L'Eglise catholique a établi la Congrégation de l'Index qui a formulé des règles et publié des listes d'ouvrages prohibés. Des gouvernements ont établi la censure.

242. **Moyens d'acquérir les livres.**

1. *Achats.* — Meilleures conditions de valeur intrinsèque, de qualité, de solidité, d'esthétique, de prix. Mode d'achat: librairie d'assortiment, librairie d'occasions, achat de la main à la main à ceux qui viennent offrir des livres usagés. Ventes publiques. — Comptabilité des achats combinée d'une part avec l'inventaire, d'autre part avec les pièces administratives (justificatives).

2. *Libéralités.* — Dons et legs. Démarches nécessaires. Les collections privées, destinées à la dispersion par les héritiers devraient toujours être dirigées vers les bibliothèques publiques. Sagesse de donner de son vivant et de contrôler soi-même l'exécution de sa volonté. Subvention des Pouvoirs publics en nature, sous forme d'envoi de livres. Collections portant le nom du donateur. (Fonds Untel).

3. *Subventions en nature.* — Subvention des pouvoirs publics en nature sous forme d'envoi de livres. En Belgique, l'Etat fait de tels envois.

4. *Echanges.* — Utilisation à cette fin de doubles, ou de livres ne répondant pas au cadre de la bibliothèque qu'il faut s'efforcer de rendre homogène. Utilité d'un centre d'échange.

5. *Emprunts.* — Utilisation des bibliothèques circulantes (celles du Comité central des œuvres de lecture). Utilité d'un grand dépôt central de livres à l'usage de toutes les bibliothèques. Prêt de bibliothèques à bibliothèques.

6. *Dépôts.* — Dépôts de collections appartenant à des collectivités, sociétés, œuvres, administrations, ou à des particuliers, avec autorisation pour les lecteurs de la bibliothèque de les utiliser.

7. *Edition.* — Edition d'ouvrages utiles effectuée par coopération entre bibliothèques.

8. *Moyens pratiques d'enrichir la Bibliothèque.* — Demander les séries de documents suivants qui sont envoyés généralement gratis :

a) publications officielles : gouvernement, provinces, communes ;
b) publications des œuvres et associations poursuivant des buts de propagande ;
c) ouvrages écrits par des auteurs de la région;
d) journaux de la région;
e) catalogues de librairies et de bibliothèques;
f) catalogues des établissements industriels et commerciaux.

25. ORGANISATION DES LIVRES EN COLLECTIONS.

Une bibliothèque n'existe pas par elle-même. Il faut la former, à la manière dont on constitue un édifice ou une machine. Elle n'est pas un amas de livres. Il faut constituer une collection, c'est-à-dire créer un véritable organisme intellectuel, dont les parties soient en corrélation les unes avec les autres et réalisent le maximum de rendement avec le minimum d'effort et de travail. Comme toute construction, celle de la bibliothèque suppose des matériaux (les livres), un plan (la classification), des procédés (les méthodes), un outillage (le matériel). Trois opérations principales s'imposent : le traitement des livres à l'entrée, le catalogue, la classification. Une place à part doit être faite à la réorganisation des bibliothèques anciennes selon de nouveaux principes.

251. Traitement à l'entrée.

251.1. *Opérations à l'entrée.*

Les opérations suivantes sont à faire à l'entrée des volumes, dans l'ordre même indiqué ci-après :

1° *Ouverture des paquets.* — Si les arrivages sont accompagnés de factures ou bordereaux, leur contenu sera vérifié, le bordereau pointé et paraphé par le vérificateur, qui annotera soigneusement sur cette pièce les anomalies éventuelles.

2° *Examen du livre.* — Il y a lieu, dès l'entrée, de constater l'état matériel de chaque livre.

a) Correspond-il à la commande, à la liste ou pièce qui accompagne l'envoi ;

b) Est-il complet, pas d'omission de parties, d'omission ou déplacement de planches annoncées dans les tables;

c) Est-il en bon état : détériorations matérielles, taches, reliure ou brochage défaits ?

d) Ne constitue-t-il pas un double ?

3° *Ouverture de chaque volume.* — Découpage des pages: emploi d'un bon coupe-papier (les lames de couteaux ou ciseaux ne conviennent pas); découper, en suivant, de gauche à droite. Pour obtenir que les pages demeurent droites, ouvrir les pages par petits paquets en appuyant légèrement le long de la marge intérieure. Eviter l'écrasement brusque du dos.

4° *Détermination du classement de l'ouvrage.* — On la fait à ce moment, car elle est nécessaire aux opérations ultérieures : l'enregistrement à l'inventaire, l'estampillage et le catalogue. Cette détermination s'opère comme il est dit *N° 253 classement* et *N° 254 placement* sur les rayons. L'indice classificateur peut être inscrit d'abord au crayon sur la couverture même du volume, en attendant tout enregistrement.

5° *Inscription à l'inventaire.* (Voir ci-après n° 252.4). Les ouvrages en continuation et les périodiques sont inscrits sur leur fiche alphabétique déjà existante. On y trouvera leur numéro d'inventaire et leur indice de classement.

6° *Marque de propriété.* — Dès qu'un livre est porté à l'inventaire, il doit être considéré comme faisant partie de la collection et doit recevoir une marque de propriété. Tout lecteur étant susceptible d'emprunter à plusieurs bibliothèques, il faut empêcher des confusions lors de la restitution des ouvrages. En cas de décès ou de départ du détenteur, ses commettants doivent pouvoir se rendre compte de l'origine et de la propriété des ouvrages trouvés chez lui. La marque de propriété doit empêcher aussi le troc ou la circulation illégale des ouvrages appartenant à la bibliothèque. La marque peut prendre deux formes: le timbrage et l'ex-libris.

a) *Timbrage.*— Le *timbrage* des volumes convient bien pour les bibliothèques servant à des lecteurs nombreux. Il comporte le simple estampillage de la firme de la Bibliothèque, avec mention de la ville et éventuellement de l'adresse où elle a son siège. On peut faire usage de tampons humides ou de timbres secs (à relief). Ces derniers ont le désavantage de n'être pas assez apparents, mais ils ne font pas tache sur le livre. La place du timbre est en premier lieu sur la page titre du volume ou au verso de celle-ci, ensuite sur les éléments encartés, sur les fascicules d'un même ouvrage, et sur les cartes et gravures. Si on préfère respecter ces éléments quand ils présentent un caractère d'art qui aurait à en souffrir, on timbre au dos. Pour plus de précaution, on tamponne encore une page déterminée dans le corps du volume, par exemple, pages 5, 105 205 et chaque 05. Le tampon doit être de petit format, et les caractères simples et nets. L'encre doit être visible, indélébile et rapidement sèche. L'encre rouge est visible et sèche vite. On y ajoute du siccatif. Eviter couleurs à l'aniline.

Exemple : **BIBLIOTHEQUE COMMUNALE,**
SAINT-GILLES-BRUXELLES.

b)*Ex-libris.*— Le système qui a été employé en premier lieu comme marque de propriété est celui de l'*ex-libris*. Celui-ci est gravé ou collé à l'extérieur ou à l'intérieur de la reliure (armes, dessin, figure allégorique ou légende, ou combinaison de ces éléments). Une place est réservée pour l'inscription de la cote de l'ouvrage. Ce système convient encore actuellement notamment pour les bibliothèques personnelles. Il peut être cumulé avec le système du timbrage.

7° *Etiquetage des volumes.*— Il a pour but l'indication de la cote de placement des volumes, qui doit être bien apparente. Il peut servir par surcroît de marque de propriété si l'étiquette porte imprimée la firme de la Bibliothèque. C'est la marque de propriété la plus visible et remplissant le plus pratiquement son office, mais elle n'exclut pas l'application du timbre et l'emploi de l'*ex-libris* car l'étiquette peut être décollée accidentellement ou volontairement. La cote inscrite sur l'étiquette est composée comme il est dit au n° 254. Elle comprend l'indice de la classification décimale et le numéro d'inventaire de l'ouvrage.

Exemple :

Indice
N°
Bibliothèque Collective, Bruxelles

L'étiquette a la forme rectangulaire, le format, 1/6 de fiche est recommandé. Elle se place au bas de la couverture ou de la reliure, dans l'angle inférieur gauche, toujours à la même place et à la même distance pour tous les volumes. Si le volume est assez épais, on peut placer sur le dos, tout en bas, une étiquette qui prend alors la forme ronde, ovale ou rectangulaire à coins coupés. En aucun cas elle ne peut couvrir des textes. On peut aussi remplacer l'étiquette par un timbre humide, de même grandeur, appliqué sur les couvertures des volumes brochés.

Après étiquetage, les volumes sont rangés sur les rayons dans l'ordre des numéros d'inventaire, jusqu'à ce qu'on puisse les incorporer à leur place respective dans les collections.

8° *Catalogue.* — Il s'opère comme il est dit N° 252. Il comprend : a) Rédaction de la notice principale, en mettant en vedette les éléments choisis comme mots d'entrée du Catalogue alphabétique ou comme indice du classement méthodique et comme cote de placement; b) Copie de la notice en autant d'exemplaires qu'il est nécessaire pour chaque partie du Catalogue; c) Intercalation des fiches dans le Catalogue.

9° *Placement du livre sur les rayons.* (Voir n° 254).

251.2. **Reliure.**

But. — La reliure consiste avant tout à protéger les livres par un revêtement solide; elle peut être aussi l'occasion d'une recherche d'art ou de préciosité. La reliure est le fait du professionnel, le relieur.

Matière. — La nature de la reliure est en relation avec l'épaisseur du volume, la beauté du papier, le caractère plus ou moins précieux de l'ouvrage, son usage plus ou moins fréquent, sa mise entre des mains plus ou moins soigneuses. Le maroquin est cher et précieux; la peau de porc est solide, la toile est avantageuse mais se souille, le pégamoïde offre certains avantages mais les inscriptions s'effacent. Le simple papier peut être renouvelé à volonté. Une reliure pratique consiste à placer simplement sur le dos une toile et sur le côté un cartonnage; le tout recouvert de papier renouvelé chaque fois qu'il est sali ou détérioré.

Rognage. — Il y a intérêt à rogner la tranche des volumes, pour rendre facile leur feuilletement. Mais le rognage doit être aussi minime que possible. Les ouvrages de luxe cependant ne seront pas rognés du tout, la tranche des pages sera ouverte au coupe-papier, avant que le volume soit remis en lecture.

Qualités. — Le livre relié doit pouvoir s'ouvrir facilement et sans efforts. Les coins doivent être renforcés.

Couleur. — On s'est parfois servi de couleurs en concordance avec la classification, pour distinguer facilement les classes d'ouvrages. Cela ajoute aussi au bon aspect de la bibliothèque. Dans le cas d'une reliure uniforme en toile grise, la variété des couleurs peut être obtenue dans l'étiquetage effectué par le relieur au dos du volume. (Afin d'uniformiser ce principe, on peut alors colorier sur les volumes non reliés, par crayon, encre ou couleur, soit l'étiquette du dos, soit celle du plat).

Division et Disposition.

La décoration de la reliure (inscriptions et fers ou dorure) doit s'opérer selon les instructions du bibliothécaire. Avoir soin de faire des modèles et de tracer soi-même les titres exacts à porter sur la couverture. Un principe essentiel est celui de l'indépendance des ouvrages. Ne jamais relier sous une même couverture, plusieurs ouvrages, fussent les plus minimes brochures. La méthode des volumes factices doit être abandonnée car elle empêche tout classement systématique. Seuls les fascicules d'un même ouvrage ou d'un périodique peuvent être rassemblés en volumes correspondant à leur tomaison.

Inscriptions. — Les inscriptions au dos de la reliure facilitent la recherche. Elles seront faites, autant que possible, dans un ordre constant :

1er système : Eléments caractéristiques, auteur, titre en abrégé, tome ou volume, éventuellement, indices de la classification (à la place indiquée pour l'étiquetage des volumes au dos).

2e système : Inscriptions dans l'ordre du classement adopté sur les rayons. Par exemple : Classification, nom, titre.

3e système : On se borne à indiquer le nom, le titre et la tomaison et on réserve toutes indications relatives à la cote (classification et numéro d'ordre), celles-ci étant sujettes à changements et développements. On préfère les inscrire à la main sur étiquette appliquée sur la couverture ou sur le dos, tout au bas. On veillera à ce que la reliure des volumes formant collection, notamment les périodiques, soit uniforme pour chaque collection.

Fiches de sortie. — Les livres remis à la reliure font l'objet de fiches de prêt comme s'ils était confiés à un lecteur ordinaire. De cette manière au moment des recherches, on est averti aussi bien de la sortie d'un ouvrage en reliure que de celle d'un ouvrage en lecture. Mais il suffira de n'établir que les fiches destinées au répertoire des ouvrages sortis comportant la simple mention de la cote de placement et du nom du relieur. On ne donnera pas de numéro de prêt, ce qui fausserait la statistique des consultations.

Bordereau et registre de reliure. — On établira en même temps un bordereau des ouvrages confiés au relieur, bordereau conçu d'après la formule suivante, qu'on établira en double exemplaire par interposition d'une feuille de carbone. L'une des copies est conservée, et reçoit la signature du relieur, comme décharge, l'autre est remise avec les ouvrages au relieur, qui devra la rapporter à l'achèvement du travail, avec annotation et totalisation des prix en guise de facture ou de duplicata de facture. Si les prix sont fixés à l'avance, l'inscription en est faite d'emblée. Les bordereaux de reliure reçoivent un numéro de suite et sont liassés de manière à constituer Registre de reliure.

Modèle.

***Reliures* confiées à**..

par la Bibliothèque de .... **le** .... 19......

Recommandations générales faites au relieur :

Cote de placement de l'ouvrage	Titre	Mentions à porter par le doreur		Nombre de volumes		Genre de reliure	Prix unitaire	Prix global	Livrés à la date du
		sur le dos	sur le plat	à relier	remis comme modèle				

Vérifications de la reliure. — L'examen des volumes qui reviennent de la reliure est indispensable, car les erreurs sont fréquentes: Les inscriptions estampées sont-elles conformes? — S'il s'agit de fascicules réunis en volume, leur ordre de succession n'a-t-il pas été interverti ? — Tous les volumes mentionnés au bordereau sont-ils rentrés ? L'application du prix est-elle conforme ? — La qualité de la reliure est-elle conforme aux conditions requises ?

251.3. Arrivages et ouvertures des paquets.

Les ouvrages venant accroître les collections, parviennent à la bibliothèque par des voies diverses : la poste, le chemin de fer, des porteurs ou camionneurs, etc. Comme il importe de connaître la provenance des ouvrages, on aura soin de permettre au bureau d'entrée de s'en rendre compte en laissant aux plis et colis postaux leurs enveloppes, aux caisses et paquets leurs étiquettes, de façon à pouvoir noter le nom de l'expéditeur mentionné à l'extérieur des emballages. Ceci a également de l'importance quand une bibliothèque comprend plusieurs fonds et qu'il faut pouvoir déterminer auquel d'entre eux un envoi doit être attribué.

La réception en bloc de collections abondantes fait l'objet des mêmes opérations que celles des arrivages journaliers, mais elle donne lieu, par surcroît, à un triage préalable à toute inscription à l'inventaire. Il sera fait pour grouper ensemble : 1° les ouvrages complets ; 2° les ouvrages à suite; 3° les périodiques. Les périodiques sont à leur tour classés en collections. On commence par les étaler dans l'ordre alphabétique, ce qui permet ensuite de rassembler tous les fascicules d'un même périodique. Ces fascicules sont classés dans l'ordre de leurs numéros ou dates. Le triage étant fait de cette manière, les inscriptions à l'inventaire peuvent être effectuées selon un ordre qui fait gagner du temps. Les opérations, en général, laissant toujours un certain arriéré, on aura soin d'avoir des emplacements, toujours les mêmes, sur des tables, sur des rayons ou dans des casiers, pour grouper les publications aux divers états d'opérations à l'entrée.

252. Catalogue.

252.1. Notion et but du catalogue.

Le catalogue a quatre buts: 1° C'est une liste, un inventaire du contenu de la bibliothèque dressé à toute fin; 2° C'est une description des ouvrages, relevant certaines de leurs caractéristiques essentielles ; 3° C'est une collection de notices représentant les ouvrages eux-mêmes, sous une forme concise, qui facilite toutes les manipulations, celles-ci pouvant s'opérer ou se préparer sur des « signes » au lieu de l'être sur les « Choses signifiées »; 4° C'est un dispositif spécialement déterminé pour retrouver aisément les livres que l'on cherche, alors qu'on ne connaît que l'une de leurs caractéristiques, par exemple le nom d'auteur ou le sujet traité.

On a pu dire que le catalogue est le cerveau de la bibliothèque. Il en est tout au moins la mémoire. Il importe qu'on lui donne tous les soins, qu'on le tienne à jour et qu'une méthode rigoureuse y soit appliquée pour permettre aux bibliothécaires et à leurs assistants successifs de le poursuivre sans discontinuité ni recommencement, pour permettre aussi aux lecteurs de retrouver facilement et à tous moments ce qu'ils désirent.

L'art de dresser les catalogues, la catalographie, est un art tout de précision. Il s'agit de ramener à l'unité des éléments aussi multiples et dissemblables que les livres d'une collection, il s'agit ensuite de former un tout avec les parties, à la manière dont on procède au montage d'une machine avec des pièces séparées. La possibilité de fonctionnement, la solidité, l'élégance de la machine, dépendent de l'exacte conformité de chaque pièce au plan qui en a été préétabli.

252.2. **Parties du catalogue.**

Un catalogue complet est composé de quatre parties à chacune desquelles on donne parfois le nom de catalogue :

1° L'*inventaire* des ouvrages par numéro d'entrée.

2° *Le catalogue alphabétique par noms d'auteurs* qui a pour objet de répondre à la question : « Quels ouvrages de tel auteur possède la bibliothèque ? »

3° *Le catalogue méthodique par matières* doit donner réponse à cette autre question. « Quels ouvrages sur telle matière possède la bibliothèque ? ». Il est classé dans l'ordre de la classification décimale.

4° *Le catalogue analytique* par mots matières, dit quelquefois *idéologique*.

Le catalogue peut être établi exactement d'après la même méthode que les répertoires bibliographiques par noms d'auteurs et par matières : notice spéciale consacrée par duplicata à chaque ouvrage dans l'un et l'autre catalogue; rédaction de cette notice sur fiche blanche, d'après les règles établies pour la rédaction des notices bibliographiques; emploi de fiches divisionnaires ou fiches-guides, de couleur, pour répartir les notices par groupes; mention sur chaque notice de l'indice correspondant de la classification bibliographique décimale; on y ajoutera la cote de placement de l'ouvrage sur les rayons. — Les notices des ouvrages qui composent les catalogues des bibliothèques peuvent être plus ou moins détaillées et plus ou moins complètes. En principe, il n'y a aucune raison d'établir une différence entre une notice catalographique et une notice bibliographique, entre la notice du catalogue alphabétique, celle du catalogue méthodique et celle de l'inventaire d'entrée. Cependant, des nécessités pratiques peuvent faire rechercher une économie de travail. On peut n'établir des notices catalographiques complètes que dans une des trois parties du catalogue, en se bornant à des indications sommaires dans les deux autres et, pour le surplus, en renvoyant au premier catalogue. En ce cas, c'est le catalogue par noms d'auteurs qui doit être le plus complet (catalogue principal ou de base); les indications des notices de référence peuvent alors être limitées au nom d'auteur, au titre résumé et à l'indice bibliographique, lequel se confondra en fait avec la cote de placement sur les rayons.

252.3. **Notice catalographique.**

Pour établir le catalogue, on dresse de tout **ouvrage** une **notice** qui en constitue la description signalétique.

Eléments de la notice. — La notice comprend : 1° Les vedettes, 2° Le corps de la notice, le titre, la collation, l'adresse bibliographique, le contenu et les notes bibliographiques.

1° Les Vedettes sont formées des noms d'auteurs (ou de leur équivalent s'il s'agit d'ouvrages anonymes), des mots matières, du millésime des indices classificateurs (ou cote de placement). Les vedettes occupent la première ligne de la notice et le commencement de la seconde. Elles varient d'après la partie du catalogue à laquelle sont destinées les notices.

2° Le Corps de la notice comprend :

a) La *description bibliographique ;*

b) Le *titre* de l'ouvrage ;

c) La *Collation* ou description matérielle interne, spécifie le nombre de volumes, le format, la pagination, le nombre et la nature des cartes, plans, etc., qui constituent un ouvrage;

d) Les *renseignements d'édition (adresse bibliographique)* comprenant le lieu d'impression et la firme (nom de l'éditeur), la date d'édition, le prix;

e) Les *Notes* comprennent des indications nécessaires à l'intelligence du titre ou relatives au contenu de l'ouvrage, sujets traités, parties et chapitres importants; les renseignements essentiels au sujet de l'auteur, des détails bibliographiques historiques et des références qui ne figurent ni au titre, ni à l'adresse bibliographique, ni à la collation. La critique des ouvrages peut s'établir par des notes portant sur la valeur des ouvrages et leur utilisation, ou par des indications telles que celles-ci : ouvrage mauvais ou nul au point de vue de sa valeur scientifique intrinsèque, livre contraire à telle ou telle doctrine philosophique ou religieuse; livre de moralité mauvaise ou douteuse; livre à placer à part, en réserve et à communiquer à bon escient; livre recommandé comme un des meilleurs de son espèce; livres pour telle catégorie de lecteurs (enfants de tel âge, adolescents, femmes, etc.) ; ouvrage d'initiation, de préparation, de complément; livre pour la vulgarisation; livre pour les spécialistes; livres utiles pour l'enseignement, les œuvres, ou l'administration.

3° Cote de placement :

4° Destination de la Notice.

Les notices catalographiques reposent sur une description des éléments principaux qui constituent les livres et sur les distinctions à établir entre les diverses variétés de ces éléments. Ces éléments ont été énoncés sous le n° 11.

Espèces de Notices : principales et secondaires.

Le catalogue n'est qu'une réunion de notices rangées selon l'ordre adopté pour leur classement : classement onomastique, classement systématique, classement analytique. Les ouvrages y sont signalés partout où les chercheurs peuvent être désireux de les obtenir. — De là deux sortes de notices : 1° les notices complètes (notices principales) classées comme entrées principales et qui sont considérées comme siège complet des renseignements donnés sur les ouvrages; 2° des notices abrégées (additionnelles ou secondaires) qui ne font mention que de quelques renseignements, renvoyant pour le surplus à la notice principale. — Entre les notices principales et les notices secondaires un lien s'établit donc sous forme de *référence* (renvoi). On renvoie de la notice secondaire à la notice principale mais non pas inversement. Les références peuvent être faites de notices à notices ou d'entrées à entrées, ces dernières étant considérées comme faites à un groupe de notices et non à des notices déterminées. En principe, la notice ou fiche principale sera la plus complète. Elle contiendra toutes les données utiles. Les autres fiches seront dérivées d'elles, soit *in extenso*, comme simple duplicata, soit par extrait de la notice principale, et d'elle aussi procéderont les inscriptions à faire sur les livres eux-mêmes (étiquetage, tamponnage, *ex-libris)*. Les vedettes servent à l'entrée des notices dans les catalogues. Elles peuvent changer d'après la destination de la notice à l'une ou l'autre partie du catalogue.

Disposition matérielle des notices.

L'aspect des notices bibliographiques a une très grande importance. Un catalogue ne se lit pas, il se consulte. On y a recours pour des recherches variées qui portent tantôt sur un point, tantôt sur un autre. Elles doivent donc avoir un maximum de lisibilité et être disposées de manière que l'œil puisse aisément y découvrir l'élément désiré en faisant abstraction de tous les autres. Ce résultat peut être obtenu comme suit :

1° L'écriture sera particulièrement soignée. La lisibilité sera sa première qualité. Pas de lettre avec fioritures. Les noms propres seront écrits en caractères romains (majuscules des textes imprimés). On fera usage de grandeurs et de grosseurs variées suivant l'importance des éléments et l'opportunité de les mettre en lumière par des alternances dans leur disposition.

2° On aura soin de disposer les textes sur les fiches de manière que les indications mises en vedette apparaissent à la partie supérieure de la fiche, sans marge trop grande. Bases du classement, les vedettes doivent, lors de la consultation des répertoires, pouvoir être lues d'un coup d'œil, sans avoir besoin de découvrir toute la fiche.

3° Chaque élément formant la notice reçoit sa place fixe, toujours la même, déterminée par des raisons d'utilité et de corrélation et présentée sous une forme distinctive. Les duplicata, extraits ou inscriptions dérivées, reçoivent autant que possible, la même place et la même forme, de façon à réaliser le maximum d'unité, d'homogénéité, tant pour l'écriture que pour la lecture.

Voici ces dispositions types, présentées d'abord sous forme d'indication générale avec référence aux numéros du tableau des règles catalographiques et, ensuite, par un exemple concret.

0.125

0.075

Nom (11), **Prénoms** (12) Classification (14)

Millésime (15). — *Titre de l'ouvrage* (211). Nom' prénoms et qualités de l'auteur (212. 213).

Lieu d'édition (221), firme (éditeur) (222). Année (223). Quantième édition (224), nombre de volumes (231), format (232), nombre de pages (234), illustrations (235). Prix (225).

[Notes analytiques. — Notes critiques (5).]
Indices divers de la classification.

Cote de placement (4)

Destination de la fiche.

DURAND, Charles 537

1921. — *Traité général d'Electricité*, par Charles Durand, professeur au Collège de France.

Paris. L. Maillard, 1921, 3e édition, 2 vol. (0.24×0.165, XXII, 440-475 pp. 12 pl. 20 fr.

[Electricité théorique. Electricité appliquée. — Chap. VII, théorie des ions. — Ouvrage pour spécialistes.]

[537 -: 537.18 + 621.3]

537
No 418

Catalogue méthodique

Rédaction des notices. Règles catalographiques. — L'immense variété des ouvrages et la nécessité de les retrouver dans de très grands catalogues ont donné lieu à des règles catalographiques très détaillées pour la rédaction des notices et le choix des vedettes nécessaires au classement alphabétique. — Divers codes de ces règles ont été publiés. Le Code international de l'Institut de Bibliographie a pris ces règles pour base, notamment les règles anglo-américaines et les a coordonnées. Le tableau ci-après en résume l'essentiel. Les divers éléments qu'il présente doivent être transcrits sur la notice, dans l'ordre suivant lequel ils figurent au tableau et selon la disposition des modèles ci-dessus.

TABLEAU DES REGLES CATALOGRAPHIQUES

I. LES VEDETTES.

11. *NOM DE FAMILLE OU NOM COLLECIF DE L'AUTEUR.*

Anagrammes. — Donner le nom de l'auteur, s'il est connu, avec renvoi à l'anagramme.

Anonymes. — Répertorier l'ouvrage au premier mot du titre, sans tenir compte de l'article pouvant se trouver en tête : reproduire celui-ci entre parenthèses. Si l'auteur est connu, faire un renvoi à son nom et placer ce nom entre crochets ; s'il est supposé, le signaler par un (?).

Collaborateurs. — Le premier nom, ou le plus connu. Renvois aux autres (Voy. *Anonymes).* — Les œuvres de quatre auteurs, et plus, sont portées aux anonymes avec renvois aux noms des auteurs.

Femmes. — Sous leur nom indiqué sur l'ouvrage avec référence éventuelle au nom de jeune fille ou au nom du mari.

Illustrateurs. — Leur nom est porté sur la notice s'il figure sur la page titre et des notices spéciales leur sont réservées dans le catalogue alphabétique.

Initiales. — Les auteurs désignés par des initiales sont classés parmi les anonymes, à moins que l'on ne puisse les identifier.

Noms composés. — Ne pas séparer deux noms réunis par un tiret. Ex.: Petit-Radel.

Noms étrangers. — Les reproduire dans leur forme originaire. Les noms, autrefois latinisés, sont écrits dans la forme qu'ils affectent dans leur langue maternelle, avec référence à la forme latine ou française plus connue (Pétrarque, Petrarca; Cicéron, Cicero).

Noms multiples. — Mentionner d'abord le nom patronymique et d'origine pour les auteurs français, italiens, espagnols, allemands, etc. (Exceptions nombreuses, comme pour Fénélon, Voltaire.) — Pour les auteurs anglais le dernier nom est le principal, le premier jouant le rôle d'un prénom.

Particules. — Les particules *de, d' von* (allemand), doivent être rejetées à la suite de la mention des prénoms, ou, à défaut de prénoms, placées entre parenthèses à la suite du nom. Ex. : Avezac (d'); Unienville (baron d'); Rauville (Hervé de) ; Magon de St-Elier (Ferdinand); Pelzeln (A. von). Les autres particules, *du, des O'*, (irlandais), *Mc* ou *Mac* (écossais), *van, ten, ter, tot, de* (néerlandais), *da* (portugais), *den, zu, zum, zur* (allemand) et les articles *Le, La, Les* font partie du nom. Ex. : Da Cunha ; Den Bush (von) ; Du Bois ; La Bourdonnais (Mahé de), Le Gentil ; L'Homme; Mac Leod; O'Brien; Van der Maessen; Van-Neck. Les noms des saints sont précédés des mots *Saint* ou *Bienheureux*.

Personnages. — Si l'auteur est un personnage princier, antique ou mystique, on inscrit le nom sous lequel il est connu dans l'histoire. Il en est de même pour les noms des hommes illustres (exemple : Michel-Ange).

Polyonymes. — Le véritable nom, ou le pseudonyme le plus répandu, avec renvois.

Prénoms joints. — Quand le prénom a été réuni au nom de famille par un tiret, inscrire le nom de famille et faire un renvoi au nom composé. Ex. : Martin, Voy. Aimé-Martin.

Pseudonymes. — Donner le nom de l'auteur s'il est connu, en le faisant suivre du pseudonyme entre crochets avec la mention *pseud.* Faire un renvoi au pseudonyme, en signalant celui-ci par la mention *(pseud)*.

Signé. — Noter avec la mention (signé:) tout nom d'auteur ne figurant pas au titre, mais seulement en signature.

Traducteurs. — Indiquer seulement le nom de l'auteur avec renvoi à celui du traducteur. De même pour le préfacier, le commentateur.

Ouvrages collectifs. — Les revues, journaux, recueils, collections, figurent sous leur titre. Les publications et pièces officielles figurent sous le nom des administrations et organismes dont elles émanent : Ministère, province, commune, au nom de l'organisme le plus spécial avec référence générale unique à celui de l'organisme hiérarchique supérieur. Les publications des associations, académies, institutions, corporations, firmes, figurent sous le nom des entités dont elles émanent.

12. *PRENOMS.*

A la suite du nom, le ou les prénoms intégralement si possible, sinon les initiales en se conformant aux indications même du livre. Unir les prénoms ou les initiales par un tiret. Les personnes qui, comme les princes souverains ont perdu, dans l'usage commun leur nom de famille seront citées par leur prénom, suivi du nom du pays et ensuite du n° d'ordre (Ex.: *Louis* (France XIV).

13. *TITRES ET QUALITES.* — Certaines qualités (abbé, amiral, colonel, docteur, général) s'indiquent avant les prénoms ou initiales, immédiatement après le nom.

14. *CLASSIFICATION.* — Mentionner, sur la même ligne que le nom de l'auteur, en alignant sur l'extrême droite de la notice, soit les indices classificateurs déci-

maux, soit les mots matières. Les indices portés ici varient suivant qu'il s'agit de notices principales ou secondaires (renvois).

15. *MILLESIME.* — Signaler le millésime en tête de la seconde ligne, à gauche, sous le nom d'auteur et avant le titre. Le séparer du titre par un tiret.

2. CORPS DE LA NOTICE.

21. *DESCRIPTION DE L'OUVRAGE.*

211. *Titre de l'ouvrage.* — Reproduire intégralement, entre deux tirets, le titre de l'ouvrage (à moins qu'il ne soit trop long, en respectant son orthographe, même défectueuse; en ce cas, signaler les fautes par l'indication : *sic).* — Ne pas suivre la ponctuation du titre, si ce n'est dans les notices détaillées de livres rares, en faisant alors usage du signe || pour marquer la fin de chaque ligne et reproduire la disposition matérielle des titres. — Répéter le nom et le prénom de l'auteur dans la copie du titre, qu'il précède ou suive le titre; citer les titres (nobiliaires ou épiscopaux) et les qualités, comme ils sont donnés sur la page titre. Ex. : José-Maria de Hérédia, de l'Académie Française; vice-amiral Jurien de la Cravière, de l'Académie Française; J.-B. Rolland, de Kessang, explorateur; Mgr Amand-René Maupoint, Evêque de Saint-Denis (Réunion). — Ne pas reproduire les tirets qui peuvent se trouver dans les titres; les remplacer par d'autres signes, tels que : 1, 2... — Abrégez les titres trop longs en indiquant par ... les parties supprimées. — Le caractère & doit être transcrit dans la langue du titre : et, and, und, en ... — Les mots en d'autres langues que celle du titre se reproduisent en italiques. — Le titre d'un mémoire ou d'un article s'énonce aussi intégralement sur la fiche destinée au catalogue analytique, sans qu'il y ait lieu d'y faire mention des indications VII à X qui suivent. — Les articles sans titre sont répertoriés sous un titre sommaire précédé du mot :
Sur... inscrit entre crochets [sur...]

212. *Nom et prénom.*

213. *Titres et qualités.*

22. *RENSEIGNEMENTS D'EDITION :* (adresse bibliographique).

221. *Lieu d'édition:* — l'indiquer *en italiques* et dans la langue du titre; à son défaut noter en italiques : *(s. l.) sans lieu.* Le lieu s'indique entre parenthèses lorsqu'il est notoirement connu, bien qu'omis dans le titre.

222. *Firme* (Editeur) : — la désigner, avec l'initiale du prénom; à défaut constater l'absence du nom : (s. *n.), sans nom.*

223. *Date :* — l'indiquer en chiffres arabes, — ou : *(s. d.) sans date,* ou *(s. l. n. d.), sans lieu ni date.* Indiquer les dates extrêmes des premier et dernier volumes d'un ouvrage 1885-1893. Si la date est donnée à la fin du livre, de la dédicace ou de la préface, la noter entre parenthèses.

224. *Edition :* Indiquer l'édition, sauf la première, à moins qu'il ne soit utile de la signaler. — La mentionner à la place où elle est notée dans le titre, et, en tous cas, avant le tiret ou l'alinéa qui doit précéder l'adresse.

225. *Prix:* — Si possible, indiquer le prix de l'ouvrage. (Prix marqué sur le volume).

23. *COLLATION.*

231. *Nombre de volumes.* — Indiquer: Un vol., 2 vol., 3 vol., ou encore 2 tomes en un vol.

232. *Format :* Spécifier le format, entre parenthèses, en centimètres et demi-centimètres, hauteur d'abord (24 x 16 1/2).

233. *Pagination.* — Spécifier le nombre de pages ou de colonnes (XXII — 572 pp. ou 1.144 col.). — Compter le verso de la dernière page imprimée lorsqu'il a été laissé en blanc, mais non les pages suivantes bien qu'appartenant à la feuille d'impression. — Inutile de dire

si les volumes sont reliés ou brochés, tous étant destinés à être reliés, et cette indication n'étant utile que dans un catalogue de librairie.

234. *Illustrations:* — On distingue les « vignettes » qui sont des illustrations imprimées sur les mêmes feuilles que le texte et qui entrent dans la pagination et les hors-texte, imprimés sur feuille distincte et non paginée. Signaler spécialement, et en indiquer le nombre s'ils sont hors-texte ou s'il s'agit d'un album ou d'un atlas: planche (pl. pll.), figure (fig. figg.), frontispice (front.), portrait (port.), carte, plan.

Signaler, dans les notes, ceux des documents de cette espèce qui sont incorporés dans le texte s'ils présentent quelque intérêt spécial.

3. *COTE DE CLASSEMENT.*

On la répète éventuellement au bas de la notice. C'est utile a) pour les duplicata de la notice entrés sous des indices décimaux autres que celui servant au placement sur les rayons, b) pour les duplicata destinés au catalogue analytique par mots matières et dont ces mots prennent la place de l'indice décimal de la vedette.

4. *NOTES.*

Notes analytiques (contenu, chapitres importants) et notes critiques (appréciation, utilité pour certaines catégories de lectures). — Références éventuelles à des notices plus complètes (Voir ...). — Enumération des indices divers de la classification décimale sous lesquels l'ouvrage doit figurer au catalogue.

252.4. L'inventaire ou Registre d'entrée.

Notion, utilité. — L'Inventaire par numéros d'entrée ou Registre d'entrée, consiste dans l'enregistrement au jour le jour à mesure de leur arrivée et d'après une série continue de numéros d'ordre, de tous les volumes, brochures, fascicules, documents, entrés dans la bibliothèque et constituant une unité nouvelle.

L'inventaire constitue un véritable journal du mouvement de la bibliothèque. Lors du récolement périodique des ouvrages, il sert au relevé des volumes présents ou manquants. Quant aux numéros d'inventaire, ils *individualisent* chacun des ouvrages dans la collection: tout ouvrage a son numéro d'inventaire propre et à un même numéro d'inventaire ne correspond qu'un seul ouvrage.

Eléments de l'inventaire. — Les données descriptives de l'inventaire peuvent être exactement les mêmes que celles des notices bibliographiques (nom d'auteur, prénom, date de publication, titres et sous-titres, adresse de l'éditeur (ville et nom), format, nombre de pages, numéro de la classification bibliographique ou indice bibliographique). Il est loisible de compléter ces renseignements par la date d'entrée des ouvrages, par des notes sur leur provenance ou leur état matériel, enfin par l'indication de la cote de placement dans la bibliothèque, cette cote étant formée comme il est dit ci-après.

Communication. — L'inventaire est un document administratif. Il n'a pas à être mis entre les mains des lecteurs.

Inventaire sur fiches. — On peut établir l'inventaire sur fiches lorsque toute confiance peut être accordée à ceux qui établissent et manient le catalogue. L'avantage consiste alors à établir en une fois à la machine le duplicata des fiches pour toutes les parties du catalogue.

Registre-Inventaire. — C'est un document de contrôle et de preuve, il ne doit pas pouvoir être modifié ou altéré. Les inscriptions y étant faites au jour le jour, aucune intercalation ultérieure ne doit être prévue entre les inscriptions déjà faites; par conséquent il n'y a pas nécessité de l'établir sur fiches. Les fiches pouvant donner lieu à substitution, sans trace visible, peuvent ne pas convenir pour un document de cette espèce. Les inscriptions au registre-inventaire sont faites à l'encre indélébile. Aucun grattage n'est permis. Les corrections éventuelles doivent être faites par surcharge à l'encre rouge.

Le format du registre sera le même que celui des autres documents administratifs, c'est-à-dire 0.215 x 0.275.

Il y a un avantage très grand à ne pas établir des inventaires multiples et à enregistrer au contraire, dans un registre unique, tous les ouvrages et tous les périodiques de la bibliothèque, quelles que soient les distinctions de forme, de format, de fonds ou de sections qu'on établisse entre eux. La formule préconisée ci-après permet cette unité d'enregistrement. Toutes les colonnes ont été combinées de manière à garder trace de tous les faits intéressant l'administration de la bibliothèque et à les totaliser aisément.

MODELE DE REGISTRE-INVENTAIRE. (1)

DATE		Provenance Mode d'acquisition *Fournisseur Donateur Déposant*	Nombre de volumes	PRIX	Références ou Observations		
Initiale *Entrée*	Finale *Sortie*			Coût ou estimation	Editions autres posséd. leur N° à l'inv.	Duplic. du même nombre de vol.	Reliure Etat de l'ouvrage (*Nom du relieur, genre de reliure, coût, etc*)
1	2	3	4	5	6	7	8

(ENTÊTE DE LA PAGE DE GAUCHE)

(1) Formule standard qui peut être obtenue à l'Union des Villes, 3bis, rue de la Régence.

Colonnes.

N° 1. *Dates : Date d'entrée:* La date d'entrée de l'ouvrage est, en réalité, celle du jour où s'effectue l'inscription à l'inventaire.

N° 2. *Date de sortie :* Cette colonne sert seulement dans les cas exceptionnels de perte, cession ou suppression de l'ouvrage, à motiver dans la colonne « observations ».

N° 3. *Provenance. Modes d'acquisition :* Mention du mot achat, don, échange, dépôt, indiquant la façon dont l'ouvrage est acquis par la bibliothèque.

Fournisseurs, donateur ou déposant : nom de celui dont provient l'ouvrage.

N° 4. *Nombre de volumes :* Inscription du nombre des volumes de l'ouvrage, non compris les doubles mentionnés dans la colonne 7. En ce qui concerne les ouvrages à la suite et les périodiques, ce nombre pouvant varier, doit pouvoir être changé; on l'inscrira dans ce cas au crayon. Le total de cette colonne fournit la statistique du nombre des volumes.

Paraphée par ....

Page .... *Le* ....

N° d'inventaire		11 Fonds ou Section auquel est versé l'ouvrage										Indices Classificateurs	Désignation des ouvr. Notice bibliograph.
Ouvrages	Périodiques	0	1	2	3	4	5	6	7	8	9		*(Auteur, année, titre, lieu d'édition, éditeur, format, nombre de pages, prix.)*
9	10											12	13

(ENTÊTE DE LA PAGE DE DROITE)

Colonnes.

N° 5. *Valeur de l'ouvrage :* Même si c'est un don, on en indique la valeur estimée; si c'est un achat, le prix payé. Le total de cette colonne fournit l'indication de la valeur des collections.

N° 6. *Editions :* Si la bibliothèque possède plus d'une édition du même ouvrage, on mentionne dans cette colonne, le ou les numéros matricules sous lesquels les autres éditions ont été enregistrées.

N° 7. *Duplicata :* Si la bibliothèque possède plusieurs exemplaires du même ouvrage, on en mentionne ici le nombre. Cette mention se fait au crayon, afin de pouvoir être modifiée si ultérieurement les doubles font l'objet d'échanges, ou si leur nombre augmente.

N° 8. *Reliure, état de l'ouvrage :* On mentionne ici abréviativement le genre de reliure, le nom du relieur ; on indique si l'ouvrage présente certaines anomalies, enfin, en cas de disparition, on motive celle-ci par un mot ou par une référence aux archives administratives.

Nos 9 et 10. *Numéro matricule :* Chaque ouvrage ou périodique reçoit son numéro matricule, qui lui sera exclusif.

Pour les ouvrages, le numérotage commence à 1; pour les périodiques, le numérotage commence à 01 et continue à être précédé d'un zéro pour établir une distinction nécessaire avec les numéros matricules des ouvrages. Quoique ayant leur série numérique distincte, les ouvrages et les périodiques s'enregistrent les uns parmi les autres, selon le hasard de leur arrivée. Leur numéro d'inventaire étant inscrit dans des colonnes distinctes, leur suite régulière s'aperçoit facilement. Les périodiques ne reçoivent qu'un numéro pour toute leur collection. L'inventaire détaillé est établi comme il est dit sous 252.6.

Colonnes.

N° 11. *Fonds ou sections :* Si la bibliothèque comprend des fonds ou sections distincts on subdivisera cette colonne en conséquence en autant de réglures qu'il y a de fonds ou sections dans la bibliothèque. On leur donnera comme intitulé le chiffre, l'initiale ou le nom par lequel les fonds sont désignés. Voici un exemple d'emploi des solonnes 9, 10 et 11 du Registre d'inventaire :

N° d'inventaire		11	Fonds ou section auquel est versé l'ouvrage					
Ouvrages	Périodiques	1	2	3	4	5	6	
9	10							
317	—	—	2	—	—	—	—	—
318	—	1	—	—	—	—	—	—
319	—	.	—	—	—	5	—	—
—	0123	—	2	—	—	—	—	—
—	0124	—	—	3	—	—	—	—
320	—	1	—	—	—	—	—	—
—	0125	—	—	—	4	—	—	—

Pour marquer à quel fonds appartient l'ouvrage ou le périodique enregistré, il peut être utile de répéter en regard de son numéro d'inventaire, et dans la colonne du fonds, le signe du fonds déjà mentionné en tête de cette colonne, de façon qu'on voie d'un coup d'œil les deux mentions essentielles de la cote numérique de placement, à inscrire sur l'étiquette du volume.

Exemples :

317 — 2
318 — 1
319 — 5
0123 — 2
0124 — 3
0125 — 4

Colonnes.

Si la bibliothèque ne comporte pas de fonds distincts, on retranche ces colonnes de la formule, ou on les laisse sans emploi.

N° 12. *Indices classificateurs :* Les indices classificateurs attribués à l'ouvrage sont mentionnés ici au complet. S'il y en a plusieurs, on soulignera celui qui sert à la cote de placement, pour autant que les ouvrages sont classés sur les rayons d'après leur indice classificateur et non d'après leur seul numéro d'inventaire.

N° 13. *Notice bibliographique :* Description de l'ouvrage conforme aux règles bibliographiques et contenant tous les éléments d'après lesquels les fiches catalographiques seront établies.

252.5. **Catalogue alphabétique des auteurs.**

Notion et but. — Le catalogue alphabétique a pour but de renseigner sur les ouvrages possédés par la bibliothèque en faisant la recherche d'après leur auteur, ou, pour les anonymes, les inconnus et les périodiques, d'après leur titre.

Parties. — Il comprend trois divisions: 1. Les auteurs. 2. Les anonymes. 3. Les périodiques. En fait, rien ne s'oppose à réunir en une seule série alphabétique, les fiches des ouvrages à auteurs et celles des anonymes, si on le juge utile, ce qui peut avoir de réels avantages pour les bibliothèques peu considérables, à la condition de signaler alors les périodiques dans le Répertoire des matières, à la division « Périodiques ».

Formes. — Il est établi sur fiches.

Notice. — Pour les Auteurs et pour les Anonymes, les fiches sont établies conformément aux règles des répertoires bibliographiques.

Ordre de classement :

1° Les notices se succèdent dans l'ordre alphabétique des noms mis en vedette, comme dans le dictionnaire : *Dupont*, avant *Durand; Lemercier* avant *Lemonnier.*

2° Le prénom sert d'élément de sous-classement parmi les notices portant un même nom de famille. (Homonymes).

3° Pour chaque auteur les ouvrages se succéderont suivant la date de leur publication : on placera en tête les ouvrages non datés, puis les plus anciens, pour finir par les plus récents. C'est pour permettre ce sous-classement que la date d'édition est mise en vedette dans les notices.

4° Les notices relatives aux différentes éditions d'un même ouvrage ou à ses traductions, sont placées à la suite de la notice relative à l'ouvrage original.

252.6. **Catalogue alphabétique des périodiques.**

Notion et but. — Les Périodiques (revues, magazines, bulletins, annales, journaux, etc.) font l'objet d'un catalogue spécial établi à la suite du catalogue alphabétique général ou combiné avec lui.

En ce qui concerne les périodiques, il ne suffit pas que le catalogue ait répondu, comme pour les ouvrages. « nous possédons », il faut qu'il précise quelles années et quels fascicules la bibliothèque possède, afin d'éviter la recherche dans les collections elles-mêmes. D'autre part, en bonne administration, il faut enregistrer chaque fascicule nouveau qui parvient et pouvoir constater si des lacunes se produisent, pour réclamer, sans tarder, les numéros manquants. Pour les périodiques en cours, le présent catalogue alphabétique tient lieu en partie d'inventaire car il est le seul document de la bibliothèque qui mentionne les années et numéros possédés. Il doit permettre de s'assurer d'un coup d'œil des lacunes, c'est d'après lui que la réclamation des numéros en retard sera faite aux éditeurs et c'est lui qui doit servir de base au recollement d'inventaire.

Forme. — Le catalogue alphabétique des périodiques est établi sur fiche.

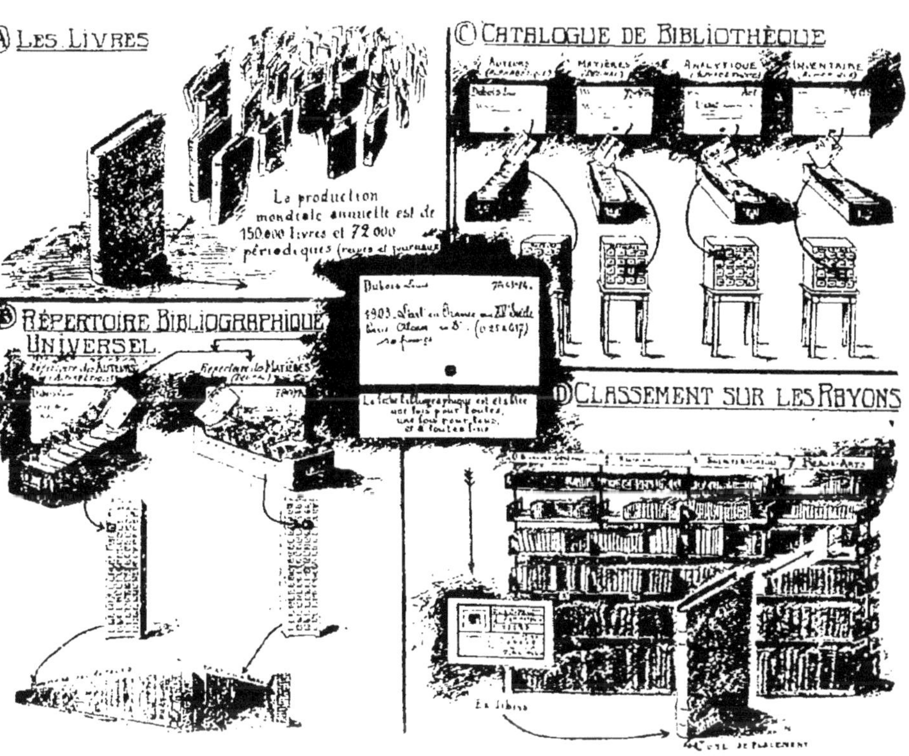

Corrélation entre le livre, son enregistrement bibliographique, son catalogue et son placement dans la bibliothèque.

La notice bibliographique (description et classification) est établie une seule fois, à toutes fins :

1. Jointe au livre au moment de son impression.
2. Incorporée dans les répertoires bibliographiques.
3. Reproduite dans le catalogue de la bibliothèque.
4. Elle fournit les éléments du placement sur les rayons.

ELEMENTS DE LA NOTICE :

A) *Le titre du périodique*, d'après lequel il prend place dans l'ordre alphabétique).

B) *La cote de placement* (d'après laquelle on retrouve le périodique sur les rayons).

C) *Le lieu d'édition.*

D) *L'adresse de l'éditeur* ou du libraire qui en fait le service en vue des réclamations éventuelles.

E) *L'année de fondation.*

F) *La périodicité* permettant de juger de la régularité du service ou des lacunes existantes.

G) *L'état du collectionnement.* — Les années ou séries possédées au complet et celles possédées incomplètement. — Les parties ou numéros réclamés. Les parties ou numéros reliés.

Notice. — Deux formules imprimées ont été établies pour donner à ce catalogue un caractère schématique, et le rendre aussi parlant que possible tout en réduisant au minimum les nombreuses écritures auxquelles il doit donner lieu : la *fiche centenale* pour la collection complète, la *fiche annuelle* pour l'année en cours.

a) la « fiche centenale » constitue la fiche même du catalogue alphabétique, elle est complétée par des cases mentionnant les millésimes de cent années, en regard desquels un simple pointage suffit pour marquer les années possédées.

b) la « fiche annuelle » est une fiche éphémère, qui se place à la suite de la première, et reçoit le pointage des numéros reçus de l'année en cours, elle porte une série de cases numérotées de 1 à 92. Quand l'année est complète, on l'indique sur la fiche centenale et on détruit la fiche annuelle, pour la remplacer par une fiche semblable pour le nouvel exercice.

MODELES

I. — FICHE CENTENALE.

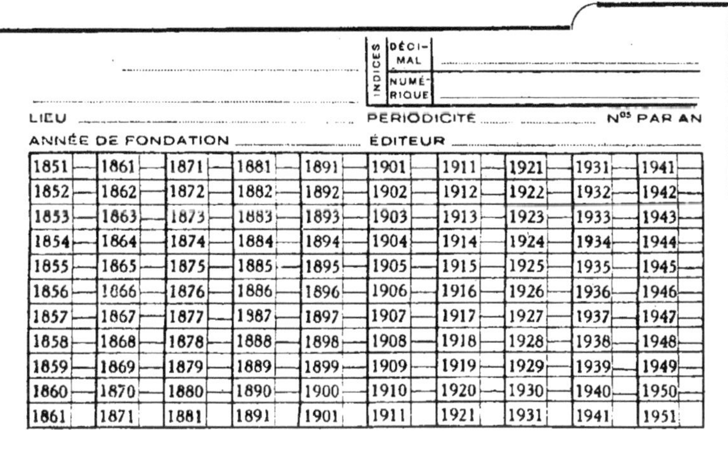

A
C
E
G

INDICES	DÉCIMAL
	NUMÉRIQUE

LIEU .... PERIODICITÉ .... N[os] PAR AN

ANNÉE DE FONDATION .... ÉDITEUR ....

1851	1861	1871	1881	1891	1901	1911	1921	1931	1941
1852	1862	1872	1882	1892	1902	1912	1922	1932	1942
1853	1863	1873	1883	1893	1903	1913	1923	1933	1943
1854	1864	1874	1884	1894	1904	1914	1924	1934	1944
1855	1865	1875	1885	1895	1905	1915	1925	1935	1945
1856	1866	1876	1886	1896	1906	1916	1926	1936	1946
1857	1867	1877	1887	1897	1907	1917	1927	1937	1947
1858	1868	1878	1888	1898	1908	1918	1928	1938	1948
1859	1869	1879	1889	1899	1909	1919	1929	1939	1949
1860	1870	1880	1890	1900	1910	1920	1930	1940	1950
1861	1871	1881	1891	1901	1911	1921	1931	1941	1951

B
F
D

Hauteur 0.075

Hauteur 0.080

Longueur 0.125

Remarques :

A) *Titre.* — Cette partie de la fiche reçoit le titre de la revue. Elle fait saillie sur les fiches ordinaires pour la facilité de la consultation. — Quand un changement survient dans le titre et modifie la place du périodique dans l'ordre alphabétique, on établit une fiche semblable mais seulement en guise de référence; elle porte le titre nouveau et renvoie au titre originaire, où l'on continue à enregistrer les indications d'inventaire.

F) *Adresse.* — L'adresse indiquée à la partie F est celle à laquelle la réclamation des numéros manquants doit être faite. Elle est écrite au crayon de manière à pouvoir être changée chaque fois qu'il y a lieu.

G) *Etat du collectionnement, Pointage.* — Une case est réservée à chaque année. Le millésime est imprimé à l'avance pour un siècle, soit pour une période partant de 1851 à 1950. — Le blanc laissé libre en regard est utilisé pour le pointage. Pour les revues paraissant de janvier à décembre, on pointe exactement en regard du millésime | 1887 | × | Pour celles qui commencent au cours de l'année (soit d'avril à mars, de juillet à juin, etc.) on pointe en regard des deux millésimes correspondants : ex. : année 1914/15 et année 1915/16.

1914	
	×
1915	
	×
1916	

Le pointage sera progressif; un trait en diagonale \ descendant vers la droite indique qu'on possède des numéros de l'année (dont le détail se trouve à la fiche annuelle qui fait suite), ce sera le cas pour les années incomplètes ou pour l'année en cours; un second trait croisant le premier indique que l'année est au complet. Ex. :

1921	×

Le pointage peut encore être complété par certains signes tels que le cercle O, la barre droite | etc., en noir ou en couleur, employés isolément ou superposés les uns aux autres, et auxquels on donne telle signification que l'on jugera utile, parties manquantes réclamées, année reliée, table des matières introduite au catalogue, etc. Si, par exemple, on procède au catalogage des articles des revues, ou ajoutera un trait vertical rouge aux diagonales qui marquent la possession pour reconnaître les fascicules déjà catalogués.

II. — FICHES ANNUELLES.

B D F

Hauteur 0.075

TITRE .... INDICES | DECIMAL | NUMÉRIQUE

LIEU : .... PÉRIODICITÉ : .... Nos PAR AN

ANNÉE : .... TOME : .... VOLUME : .... SÉRIE : ....

Nos DES FASCICULES.

1	2	3	4	5	6	7	8	9	10	11	12
13	14	15	16	17	18	19	20	21	22	23	24
25	26	27	28	29	30	31	32	33	34	35	36
37	38	39	40	41	42	43	44	45	46	47	48
49	50	51	52	53	54	55	56	57	58	59	60
61	62	63	64	65	66	67	68	69	70	71	72
73	74	75	76	77	78	79	80	81	82	83	84
85	86	87	88	89	90	91	92	93	94	95	96
97	98	99	100	101		102	103	104			

A C D G

Hauteur 0.075

Toute année qui n'est pas complète, année nouvelle qui commence ou année ancienne dont il y a des manquants, fait l'objet d'une fiche annuelle qui prend place derrière la fiche centenale du périodique. — Elle donne lieu aux observations suivantes, quant à certaines de ses parties.

A) *Titre.* — La répétition du titre en tête peut être abrégée.

B) *Cote de placement.* — Son inscrpition est utile. Elle est nécessaire si le titre de la revue a été abrégé.

C) *Lieu d'édition.* — A indiquer seulement par la ville, l'adresse compète étant sur la fiche centenale.

D) *Périodicité.* — Indication de la périodicité, nécessaire pour connaître les manquants. Ne pas employer les termes « mensuel », « hebdomadaire », mettre 12 fasc. par an, 52 fasc. par an, etc, ce qui indique jusqu'à quelle case le pointage doit s'étendre pour que l'année soit complète.

G) *Etat du collectionnement.* — Les numéros placés dans chaque case, indiquent l'ordre de succession des fascicules et non le numérotage qu'ils portent.

Ainsi la case 4 concernera le quatrième numéro de l'année, peu importe si le fascicule porte lui-même un autre numéro. En conséquence, s'il s'agit d'un mensuel et que l'année du périodique commence en janvier, la case n° 1 sera celle du numéro de janvier. Si le périodique commence en octobre et se termine en septembre de l'année suivante, la case n° 1 sera celle du mois d'octobre, la case n° 2 du mois de novembre et ainsi de suite.

Une simple diagonale indiquera les numéros reçus, un cercle signifiera que le numéro manquant a été réclamé (on mentionnera au dos de la fiche, la date de la réclamation). Quand un fascicule est double (ex. : fasc. 9/10) on pointera d'une seule barre les deux cases intéressées.

252.7 *Catalogue méthodique des matières.*

Notion et but. — Le Catalogue méthodique des matières a pour but de faire connaître les ouvrages possédés par la bibliothèque sur une matière déterminée : science, question, personnage, époque historique, etc.

Forme. — Il est établi sur fiches.

Classification. — Le Catalogue méthodique est établi d'après l'ordre de la classification méthodique et en appliquant la notation de celle-ci (numéros classificateurs, lettres et signes). Les observations suivantes s'appliquent au catalogue dressé d'après la Classification décimale.

Ouvrages traitant de plusieurs matières. — Lorsqu'un ouvrage traite de plusieurs sujets, il est représenté dans le *catalogue méthodique* par plusieurs fiches classées sous les nombres respectifs de ces sujets. Toutefois le volume n'est classé sur les rayons qu'au nombre correspondant au *sujet principal* de l'ouvrage, ou, si les divers sujets sont également importants, à celui qui se présente le premier dans l'ordre de la classification décimale. C'est ce nombre ou, s'il y a lieu, celui du sujet principal, qui figure seul alors dans la cote de placement. Sous peine de confusion, il est nécessaire, en pareil cas, de reproduire cette cote de placement sur chaque duplicata des fiches tant du répertoire alphabétique que du répertoire méthodique. Ainsi par exemple, l'ouvrage « Sarrien, Louis. — 1885. — *Manuel de Physique et de Chimie* » sera indexé [53(02) + 54(02)]. Il figurera dans le catalogue alphabétique par deux notices indexées l'une 53(02) et l'autre 54 (02). Si cet ouvrage portait, par exemple, le numéro d'inventaire 1525 la cote de placement de l'ouvrage serait $\frac{53(02)}{\text{N}^\circ\ 1525}$ car l'indice décimal 53(02) se présente le premier dans la classification. Comme il a été dit page 88, la cote de placement est reproduite intégralement sur les deux notices.

Corrélation avec le placement sur les rayons. — Le système de classement du catalogue est indépendant du système adopté pour le classement des ouvrages sur les rayons. Alors même que l'on n'emploie pas la Classification décimale pour ce classement, cette classification peut être appliquée sans difficultés spéciales au catalogue. Seules, en ce cas, seront modifiées les cotes de placement qui, par exemple, pourront comporter simplement les numéros d'inventaire, si l'ordre du placement adopté, est celui de ces numéros.

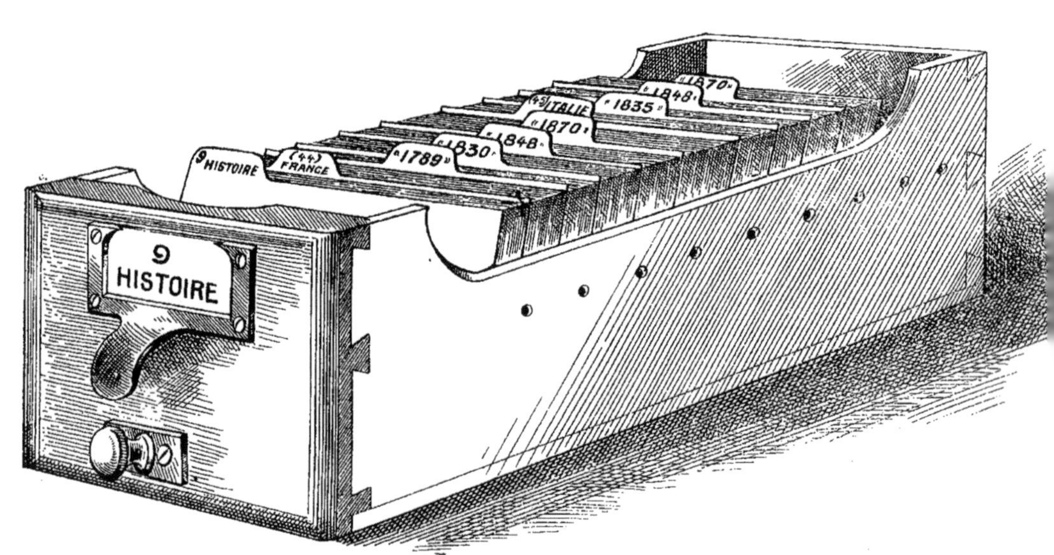

Catalogue par matières — établi sur fiches — selon la Classification décimale.

252.8. *Catalogue Analytique ou Catalogue alphabétique des matières.*

Notion, but. — Le catalogue analytique, ou plus exactement la partie analytique du catalogue général, est formée d'une série de notices catalographiques, classées par mots-matières se référant au sujet traité dans les ouvrages et disposées dans leur ordre alphabétique.

Le catalogue analytique peut remplacer le catalogue systématique mais il est préférable qu'il le complète, de manière à disposer pour les recherches, en plus de l'inventaire, d'un système à trois branches : auteurs-alphabétique pour les recherches par nom d'auteur, méthodique-décimal pour les recherches systématiques et par classes d'idées, analytique-alphabétique pour les recherches spécialisées. Les trois parties du catalogue concourent alors au but désiré. En cherchant dans l'analytique on retrouve sur les notices l'indice décimal utilisé comme cote de placement et, à l'aide de cet indice, on peut retrouver facilement dans le catalogue systématique, les ouvrages de la même classe.

Choix des mots-matières. — Les mots-matières sont empruntés aux mots du titre, principalement les substantifs. Ils peuvent être, en outre, des mots suggérés par la connaissance du contenu, notamment par la table des matières et, d'une manière générale, tous les mots sous lesquels il peut y avoir présomption que l'ouvrage pourrait être recherché. Les œuvres littéraires et théâtrales, les œuvres musicales, les œuvres classiques en toutes matières figurent sous leur titre (premier mot du titre, article excepté).

Notices. — On établit autant de duplicata de la notice qu'il y a de mots-matières intéressés. Sur la fiche principale on inscrit, en note, tous les mots utilisés afin de pouvoir aisément les retrouver, s'il survient quelque motif de modifier ou d'éliminer les diverses notices relatives à l'ouvrage. Le mot sous lequel doit être classée chaque notice, est inscrit en vedette, en haut de la fiche à droite, à la place qu'occupe l'indice décimal sur les notices destinées au catalogue méthodique.

Classement : Trois systèmes sont possibles :

1er *système :* le catalogue analytique peut former une série alphabétique distincte. On crée des groupes par des fiches divisionnaires au fur et à mesure des besoins et de telle sorte que les recherches soient aidées, à raison d'une fiche divisionnaire par 20 ou 50 fiches portant les notices.

2e *système :* les notices du catalogue analytique sont combinées en un seul ordre de classement avec les notices du catalogue des auteurs. On forme alors ce qu'on appelle un catalogue-dictionnaire. Les ouvrages anonymes, classés au premier mot du titre, dans le catalogue des auteurs, constituent déjà une contribution au classement analytique. En ce cas, il peut être préférable d'inscrire les mots-matières en vedette à la place qu'occupe le nom d'auteur, afin de faciliter le feuilletement du catalogue en présentant toujours à la même place l'élément sous lequel est opéré l'ordre alphabétique. Pour ne rien changer à la disposition type de la notice, on se borne alors à ajouter une ligne supérieure, ayant cette destination.

3e *système :* On insère dans le catalogue analytique fusionné avec le catalogue des auteurs, les mots de l'index alphabétique de la classification décimale. On dispose alors, pour les recherches, d'un dictionnaire général concentrant tous les modes de référence.

252.9 *Forme matérielle du catalogue.*

La forme matérielle du catalogue peut être celle du manuscrit, du catalogue imprimé ou du catalogue en tableau.

1° *Catalogue manuscrit :* Il est facile à établir, peu coûteux mais d'une lecture moins facile que l'imprimé. Il peut prendre plusieurs formes : écrit à la main ou à la machine à écrire, ou formé par découpage et collage de notices imprimées dans une bibliographie, une liste ou un catalogue. Il peut être établi sur registre, soit à feuilles fixes, soit à feuilles mobiles, (par exemple « Kalamazoo »). Il peut être établi aussi sur fiches.

2° *Catalogue imprimé :* Il est d'usage très pratique, mais coûteux et rapidement vieilli. Utile cependant pour la diffusion parmi les lecteurs qui sont mis à même de le consulter chez eux. La publication du catalogue est un moyen de développer l'usage des collections, but principal et final de celles-ci.

Il peut être d'ailleurs constitué par une simple liste de livres sans description bibliographique détaillée, mais on fera bien d'y ajouter des renseignements utiles aux lecteurs sur les ouvrages. En tête, on placera le règlement et les recommandations générales. On publiera au moins un supplément annuel.

Il est un moyen d'éviter ou, tout au moins, de réduire les frais élevés de l'impression qui s'opposent souvent à la publication du catalogue. On s'entend avec quelque périodique ayant lui-même intérêt à vulgariser les collections réunies dans la bibliothèque et qui, pour cette raison, accepte d'en publier gratuitement la liste dans ses numéros successifs. Moyennant le paiement des frais peu élevés d'un tirage à part, la bibliothèque peut obtenir un nombre déterminé d'exemplaires, lesquels, à l'achèvement de la publication, constitueront le volume du catalogue.

A défaut de ce système de publication, on envisagera les moyens de reproduction autres que l'imprimerie : autographie, miméographe, multigraphe.

Quel que soit le procédé d'impression, la publication du catalogue ne peut être faite sans tenir compte d'un minimum de règles directement déterminées par ce qui a été dit dans ce chapitre.

Modèle d'un catalogue imprimé.

ASSOCIATIONS OUVRIERES [331.88].

Malherbe (G.) et **Marbaix (T.).** 331.88
1897. Les tribunaux professionnels, ou la solution des conflits ouvriers au sein du syndicat. Bruxelles, in-8°, 64 pp. (Cercle d'études sociales de Binche).

Baudoux (E.) et **Lambert (H.).** 331.88
1897. Les syndicats professionnels et le régime général des associations modernes. Bruxelles, in-8°, 29 pp.

[.........] 331.88 (493)
1860. Un mot sur les associations d'ouvriers par un Ami de la vérité. Anvers, broch. in-12, 18 pp.

Ninauve. 331.88 (493)
1889. Exposition universelle de Paris, 1889. Economie sociale. Les associations professionnelles en Belgique. Rapport. Bruxelles, in-4°, 165 pp.

Vandervelde (Em.). 331.88 (493)
1891. Enquête sur les associations professionnelles d'artisans et ouvriers en Belgique, tomes I et II. Bruxelles. 2 tomes en 1 vol., gr. in-8°, 259 et 122 pp.

De Smet (Et.). 331.88 (493)
1894. L'évolution du mouvement syndical ouvrier en Belgique. Gand, in-8°, 67 pp.

Dubois (Ern.). — 331.88 (493)
1894. Les Trade-Unions et les associations professionnelles en Belgique. (Projet de loi.) Gand et Bruxelles, in-12, 225 pp.

Brunard (H.). 331.88 (493)
1895. Les unions professionnelles et le projet de M. Begerem... Exposé fait à l'Union syndicale de Bruxelles, etc. Bruxelles, broch. in-8°, 13 pp.

[.........] 331.88 (493)
1895. Unions professionnelles. Sommaire: 1° Lettre d'envoi; 2° Examen du projet de loi; 3° Documents parlementaires. Bruxelles, broch. pet. in-8°, 43 pp. (Comité central du travail industriel.)

3° *Catalogue en tableau.* — Dans les bibliothèques où la chose est possible on trouvera avantage à établir, *par duplicata* du catalogue général, un catalogue sous la forme de tableau mural, exposé bien à la portée des personnes admises à faire usage des collections. Ce catalogue est l'analogue des tableaux horaires des trains, exposés à l'entrée des gares. Il présente l'avantage de pouvoir être consulté par plusieurs personnes à la fois et, n'étant pas manipulé, de ne subir aucune avarie. Il épargne en même temps les catalogues sur fiches qui n'ont plus à être utilisés que par le personnel lui-même et, seulement pour complément d'information, par un minimum de lecteurs.

Le catalogue en tableau doit être fait en deux parties : l'une alphabétique, l'autre méthodique. Les notices consacrées à chaque ouvrage sont réduites au minimum d'indications : nom d'auteur, titre résumé, et cote de placement, de sorte que pour chaque notice, il suffise d'une fiche d'un centimètre de haut, sur dix centimètres de long. Un tableau d'un mètre carré pourrait ainsi comprendre 1,000 titres.

Quand le catalogue est publié on peut se borner à afficher les accroissements.

253. **Le Classement et la Classification.**

253.1. *Notion.*

On entend par *classement* bibliographique, l'art de disposer les ouvrages d'après leur matière (sujet ou contenu) et par *classification,* le tableau ou les tables qui disposent les connaissances dans l'ordre où doivent l'être les ouvrages eux-mêmes.

La classification bibliographique est un ordre de suite. Elle se développe en une série linéaire unique dont tous les termes occupent, les uns par rapport aux autres, une place ou rang désigné par un signe (mots, nombres ou signes quelconques ordonnés en système).

La classification est l'armature de l'organisme intellectuel qu'est la bibliothèque. Elle a de multiples utilités: 1° Elle sert au choix des ouvrages, car elle constitue un véritable plan d'acquisition; 2° Elle est utile à la lecture:

elle présente le plan d'un cycle de lectures fondamentales (autodidaxie); pour l'étude de la terminologie, pour l'ordonnancement des matières de l'encyclopédie; 3° Le catalogue méthodique de la bibliothèque est fondé sur elle; 4° Le placement des ouvrages sur les rayons est opéré dans son ordre; 5° Elle sert au classement des notes, documents, dossiers d'études; 6° Elle constitue un classement des connaissances dans l'esprit.

253.2. *Types de classification bibliographique.*

Il existe d'innombrables systèmes de classement. Tous cependant peuvent se ramener aux types suivants :

- Classification systématique.
- Classification alphabétique.
  - Sans notation.
  - Avec notation.
    - Notation par chiffres.
    - Notation par lettres.
    - Notation par combinaison de chiffres et de lettres.

253.3. *Principales classifications systématiques.*

Les classifications françaises ont fort vieilli: telles celles de Brunet, de la Bibliographie de la France. — Dans les pays anglo-saxons on connaît trois classifications : celle de Dewey (Decimal Classification); de Cutter (Expansive Classification) ; celle de James Duff Brown (the Subject Classification). La Bibliothèque du Congrès, à Washington, a sa propre classification. La classification décimale est la plus répandue.

253.4. *Classification décimale.*

Description du système. — L'Institut International de Bibliographie et les Congrès internationaux ont fait choix de la Classification Décimale comme classification bibliographique et documentaire universelle. C'est une classification systématique avec notation par chiffres. Toutes les connaissances humaines sont réparties en dix grandes classes, subdivisées à leur tour en sous-classes, divisions, subdivisions, n'ayant à aucun degré un sectionnement supérieur à dix. De cette manière, l'ensemble du savoir représente l'unité, chaque classe ou partie est représentée par une fraction décimale exprimant des déciclasses, centiclasses, milliclasses, etc. Pour facilité on supprime le 0, qui se reproduirait devant chaque nombre classificateur. Exemple :

5 Sciences naturelles;
53 Physique;
537 Electricité.

L'indice 537 peut s'énoncer *cinq cent trente-sept* ou *cinq, trois, sept*. Dans ce cas il indique bien qu'il s'agit de la 5e classe (sciences pures), 3e groupe (physique), 7e division (électricité).

Les nombres classificateurs sont ordinaux. Ils représentent non une quantité, mais un rang, c'est-à-dire la place d'une question par rapport aux autres. Ces nombres, ou indices, ont trois avantages principaux : ils expriment, par une notation concise, des idées parfois complexes; ils marquent la place occupée par une rubrique dans la classification et toutes les corrélations avec les autres matières qui en dérivent; ils ont un caractère international.

Exposé des classes. — Les connaissances systématisées relatives à un même sujet, forment autant de sciences distinctes et chaque science a reçu un nom spécial tiré du grec le plus souvent, noms qui ne doivent pas faire oublier qu'elles traitent d'objets très familiers.

Les principales sciences ou matières qui font l'objet des études et qui donnent lieu par conséquent à des livres, sont les suivantes. L'ordre que nous donnons est celui qu'on est convenu d'appliquer spécialement au classement des bibliothèques. C'est l'ordre bibliographique.

0. Les écrits sur la science en général, sur les livres (ou bibliographie) ainsi que les ouvrages généraux qui traitent à la fois de toutes les sciences ou de plusieurs groupes de sciences, telles par exemple, les grandes encyclopédies, comme le Larousse, ou les grandes revues, comme la *Revue des Deux Mondes*.

1. *La Philosophie :* science générale des êtres, des principes et des causes. Elle comprend notamment la Psychologie ou science qui traite de l'esprit, de ses facultés et de ses opérations, la Logique ou science qui apprend à raisonner juste; la Morale ou science de la conduite et des devoirs.

2. *Les Sciences religieuses :* la croyance et la foi, les religions et leurs dogmes, les églises, leur organisation, leurs sectes, leur histoire.

3. *Les Sciences sociales :* sciences de la société, qui comprennent notamment la statistique, la politique, l'économie politique, le droit, l'administration, etc.

4. *La Philologie* et la *Linguistique* : étude des langues, de leur structure, de leur histoire.

5. *Les Sciences mathématiques, physiques et naturelles.*

6. *Les Sciences appliquées :* la Médecine et toutes ses parties, telles que l'hygiène, la pharmacie, la chirurgie, l'art vétérinaire, etc. La Technologie ou tout ce qui concerne les applications de la mécanique, les sciences de l'ingénieur, la technique et les règles professionnelles de toutes les industries et de tous les métiers : industries du fer, du bois, les mines, les chemins de fer, la construction navale. les industries textiles, etc., etc.

7. *Les Beaux-Arts :* l'architecture, la peinture et la sculpture, la musique.

8. *La Littérature* proprement dite, c'est-à-dire les œuvres littéraires, les poésies, les pièces de théâtre, les romans, les œuvres oratoires, etc.

9. *L'histoire générale :* l'Histoire politique des divers pays, la Bibliographie ou vie des hommes illustres, la Géographie ou connaissance de la terre et de ses habitants.

Classification à divers degrés. — La même Classification décimale, une et invariable, peut être appliquée au premier degré (une décimale, 10 divisions), au deuxième degré (2 décimales, 100 divisions), au troisième degré choix d'environ 1,500 divisions en usage courant dans les bibliothèques et exprimées par des nombres de trois ou quatre chiffres. Elle peut être utilisée au 4e degré (60,000 divisions) pour des usages scientifiques. Alors la classification sera très détaillée et ses rubriques sont exprimées en terminologie scientifique et technique.

Exposé des classes avec terminologie élémentaire. — Pour des usages élémentaires on se bornera à une classification abrégée, dont les rubriques seront exprimées en langage courant, compréhensible par les personnes moins cultivées et même par les enfants. On pourra expliquer et indiquer, par exemple, ce qui suit :

0. *Ouvrages généraux.* — Ouvrages qui traitent de plusieurs sujets et non de un ou de deux. Journaux, revues, encyclopédies.

1. *Philosophie.* — Ouvrages sur l'esprit de l'homme, comment il pense et comment il a pensé à toutes les époques. Idées de l'homme sur la conduite, la tempérance, le caractère.

2. *Religion.* — Ouvrages sur Dieu, les croyances et la foi de l'homme, l'âme, la Bible et les livres sacrés de tous les peuples.

3. *Sociologie.* — Ouvrages concernant l'homme en relation avec ses semblables: dans les familles, les écoles,

les villes et les nations ; gouvernement, parlement, lois, etc.

4. *Philologie.* — Ouvrage concernant la parole, le langage, la grammaire, la composition, etc.

5. *Sciences.* — Ouvrages sur les mathématiques, le monde où nous vivons et les autres mondes dans le firmament.

6. *Sciences appliquées.* — Ouvrages sur les métiers et les professions, arts nécessaires à la vie de l'homme comme l'agriculture, la construction, la technique et l'art de l'ingénieur.

7. *Beaux-Arts.* — Ouvrages sur les arts qui ont pour but d'embellir et de donner du plaisir à l'homme, comme la peinture, la sculpture et la musique.

8. *Littérature.* — Ouvrages qui se servent du langage comme un moyen de créer la joie ou l'émotion, comme la poésie, le drame, les récits, les histoires en prose.

9. *Géographie, Biographie et Histoire.* — Ouvrages sur les voyages et descriptions des différents lieux. Vie des grand hommes, Histoire des événements et des dates humains, la naissance et la chute des nations.

Mise en ordre des documents indexés. — La mise en ordre de suite des documents indexés décimalement, notamment des fiches, est activée en procédant ainsi : on commence à répartir en dix tas correspondant aux dix classes 0 à 9. Ensuite on prend chaque tas l'un après l'autre pour le répartir en dix autres tas correspondant aux dix sous-classes. Puis on fait de même pour chacun des sous-tas obtenus et ainsi de suite.

Sources à consulter. — Pour toutes explications concernant la classification décimale et pour les tables mêmes de cette classification voir le petit volume publié par l'Institut International de Bibliographie: *Tables abrégées de la Classification décimale :* exposé, tables méthodiques, index alphabétique. La Classification détaillée comprend 60,000 divisions et 65.000 mots dans l'index alphabétique.

253.5. *Classement des connaissances dans l'esprit.*

Notre esprit est une organisation d'idées. Les connaissances reçues, les observations faites, les sentiments éprouvés ne peuvent coexister en nous dans le désordre et le chaos. Nous avons besoin d'une organisation mentale. Elle est spontanée chez l'enfant, chez le sauvage, chez l'inculte, mais d'un rendement inférieur. L'adulte, le civilisé, doit intervenir volontairement pour l'organiser et, à cette fin, se servir de méthodes. Celles-ci, au sens large, constituent toute la pédagogie. Car l'idée des hommes de notre temps, c'est qu'il faut constamment développer son intelligence; que vraiment « vieux et lourd on apprend tous les jours ». Or, la base de l'organisation méthodique de l'intelligence, c'est la classification. L'esprit doit mettre constamment en ordre les données qu'il reçoit et opérer leur groupement. A cette fin, il doit diriger ces données vers les idées similaires qu'il a déjà, les confronter et, pour cela, considérer s'il s'agit d'un accroissement (choses inconnues ou ignorées jusqu'alors), d'une répétition (choses déjà connues), d'une rectification (erreur à redresser), d'une annulation (donnée à tenir désormais pour fausse et sans valeur). Ainsi la classification doit être fondamentale dans l'esprit et il est plus nécessaire encore de ranger les connaissances dans notre intelligence que de classer les livres dans notre bibliothèque et les notes dans notre répertoire. Ce travail donne lieu à quelques observations.

A) Les idées acquises ne sauraient être disposées dans notre esprit dans un ordre seulement statique, c'est-à-dire à l'état de repos et comme cristallisées. Elles ont au contraire à y être à l'état dynamique et à s'y maintenir vivantes et actives. C'est pourquoi elles doivent pouvoir s'y mouvoir en tous sens, s'y regrouper en toute espèce d'ordre, suivant les affinités de leurs divers aspects, suivant les associations que comportent leurs éléments. Ainsi, par exemple, il ne suffit pas d'avoir classé les Villes d'un pays dans l'ordre des circonscriptions politiques; il faut pouvoir les redisposer en esprit d'après leur importance, leur population ou leurs spécialités commerciales et industrielles, l'ordre de leur ancienneté, l'ordre de leurs dispositions le long des cours d'eau ou des voies ferrées.

B) Il importe donc d'envisager des groupements divers et à divers degrés d'extension. Pour être à même de dominer les idées, de les manier avec facilité, il faut les réunir dans notre esprit en groupements divers : des idées-mots (tous les synonymes et analogues), des idées-phrases, des idées paragraphes, des idées-chapitres, c'est-à-dire des groupements selon la manière que nous désirons les retrouver ensemble chaque fois que nous en avons besoin. (Paul Nyssens, *Comment lire*, p. 106).

C) Ce travail repose en premier lieu sur l'étude des mots et de leur signification, sur la connaissance des termes synonymes, analogues, équivalents. C'est là l'œuvre de la lexigraphie, de la connaissance du dictionnaire, des étymologies, de l'histoire des mots; c'est toute l'utilisation à faire des études sur la langue que le petit enfant commence sur les genoux de sa mère et que l'homme poursuit, doit poursuivre toute sa vie.

D) Le travail de l'organisation de la pensée sera poursuivi constamment en connexion avec : α) l'*expérience* de la vie: voyages, observations, visites, conversations, activité professionnelle, actions de toute nature; β) la *lecture*, moyens d'acquérir des données scientifiques, des idées et de profiter des expériences d'autrui. γ) la formation de la *documentation* personnelle (notes, analyses, extraits, dossiers); δ) la réunion des sources elles-mêmes, c'est-à-dire des livres dans la bibliothèque.

E) La Classification documentaire est distincte de la classification scientifique, synthétique. Toutes deux ont entre elles les relations que nous avons définies ailleurs. La classification documentaire est une, stable et statique. La classification synthétique est multiple, évoluante et dynamique. La documentaire peut être considérée comme la mesure commune de toutes les autres.

254. **Placement sur les rayons.**

254.1. *Notion et but.*

Les ouvrages ne sauraient être placés pêle-mêle sur les rayons. Il faut un ordre en relation avec le catalogue.

Le but de tout classement est de faciliter la recherche. Du classement qu'on donnera aux livres sur les rayons, dépendra le plus ou moins de facilité qu'on aura à les retrouver.

La cote de placement est la marque ou étiquette apposée sur les ouvrages et qui porte les éléments destinés à déterminer la place à occuper sur le rayon par chaque ouvrage dans la séric constituée par la collection bien ordonnée de tous les ouvrages.

La cote de placement sert donc à retrouver les livres. Elle est le lien entre le catalogue, les ouvrages et les rayons sur lesquels ceux-ci sont déposés.

Elle doit donc être portée sur les notices du catalogue, sur les ouvrages eux-mêmes, et en outre fournir des repères portés de distance en distance sur les rayons.

La cote de placement est en corrélation directe avec le système adopté pour le placement. Sa forme et ses éléments diffèrent donc d'après lui.

254.2. *Système de placement des Livres.*

Trois systèmes fondamentaux de placement sur les rayons sont possibles :

1° Par ordre de numéros d'inventaire en une seule série.

2° Par ordre systématique des matières, (classification décimale).

3° Par ordre alphabétique des auteurs.

Ces systèmes s'excluent, il faut choisir l'un d'eux et s'y tenir rigoureusement.

Les *formats*, les *fonds* et la disposition matérielle des rayons viennent apporter quelque complication et devraient être combinés avec le système adopté. On traitera ces questions plus loin.

A) *Placement par numéro d'inventaire.* — Le système de placement le plus simple est celui de l'ordre des numéros matricules attribués aux ouvrages dans l'Inventaire. Les ouvrages s'ajoutent les uns à la suite des autres, à mesure de leur arrivée. La recherche s'opère d'après leur numéro. Les périodiques formant série à part, sont suivis chacun d'un espace libre correspondant à leur accroissement normal.

B) *Placement dans l'ordre systématique décimal.* — Ce placement est opéré par indice de la classification décimale subdivisé par numéro d'inventaire. On écrit la cote sous la forme

[511]
n° 324

Sur les rayons les ouvrages eux-mêmes sont placés dans l'ordre des divisions décimales.

On obtient ainsi un parallélisme parfait entre le placement sur les rayons, le catalogue méthodique par matières et la classification décimale.

L'ordre adopté peut être celui de la classification abrégée (division du 1er, 2me ou 3me degré) ou de la classification détaillée et complète.

Les ouvrages traitant de plusieurs sujets sont placés sur les rayons à l'indice du sujet principal. On peut les rappeler sous les autres indices au moyen de cartons ou de planchettes portant la notice abrégée de l'ouvrage et renvoyant à l'indice du sujet principal.

C) *Placement par ordre alphabétique.*

Les ouvrages, dans ce système, sont disposés sur les rayons dans l'ordre même du catalogue alphabétique. Si un auteur est représenté par plusieurs ouvrages, on sous-classe les titres de l'ouvrage, ordonnés eux-mêmes alphabétiquement. Pour faciliter ce classement les Américains ont établi des tables qui transforment les groupes de lettres des noms, en groupes de chiffres (Table de Biscœe).

254.3 **Choix entre ces méthodes.**

C'est la nature des collections, le caractère de la Bibliothèque et des lecteurs auxquels elle est destinée, la place et le personnel dont on dispose qui doivent faire décider du choix d'une de ces méthodes. Ainsi le classement en trois formats (Octavo, Quarto, Folio) suivi du numéro de l'inventaire en trois séries est le plus simple pour la mise en place immédiate, le moins sujet à changement et le plus facile au moment du prêt et pour le recollement d'inventaire. Mais le classement selon l'ordre systématique décimal détaillé offre de son côté divers avantages qui font défaut au classement par format et par numéro d'inventaire. Ce qui réduit le travail du bibliothécaire n'est pas toujours ce qu'il y a de mieux pour les lecteurs.

Les Bibliothèques en Amérique sont, pour la plupart, classées d'après le sujet des ouvrages, c'est-à-dire le numéro donné à ce sujet dans la classification décimale. C'est le système qui convient là où le lecteur est admis à choisir lui-même dans les rayons, les ouvrages qu'il désire consulter ou emporter. Il trouve ainsi réunie toute la littérature d'un même sujet.

Le classement par sujet exige des espaces de réserve à chaque division, dans une mesure correspondant aux accroissements probables. Cette mesure est difficile à évaluer et des remaniements s'imposent soit périodiquement (par exemple au recollement des inventaires) soit lorsqu'un développement imprévu oblige d'étendre l'espace réservé à une division.

La détermination du sujet d'un ouvrage ne peut être faite que par un personnel instruit, apte à discerner à quelle classe appartient un ouvrage et à lui attribuer le numéro classificateur correspondant. Cette opération nécessite un examen de l'ouvrage et prend, naturellement, un certain temps.

Le grand avantage de voir grouper ensemble tous les ouvrages et périodiques traitant d'un même sujet implique donc un sacrifice d'espace, de matériel et de travail qui fait qu'on y renonce là où les ressources et le personnel sont limités.

Mais là où ces considérations n'entrent pas en ligne de compte, et notamment dans les « bibliothèques de travail » constituées surtout pour l'usage du personnel d'un établissement ou d'une administration, qui a intérêt à compulser à un moment donné l'ensemble de tous les ouvrages possédés sur un sujet donné, on envisagera comme idéal l'arrangement des livres sur les rayons dans l'ordre même des sujets dont ils traitent. Là, le but à atteindre, une consultation complète, facile et rapide est assez important pour considérer comme éléments accessoires les reclassements ou les réserves d'espaces.

254.4 **Les Formats.**

Le format des ouvrages présente des variétés nombreuses depuis les éditions microscopiques de 3 ou 4 centimètres de hauteur, jusqu'aux in-folio d'un demimètre.

La question des formats est importante à raison surtout de l'espace. Si une distinction n'était pas faite à ce point de vue, tous les rayons devraient être à l'écartement de 50 centimètres, et les plus petits volumes étant mélangés aux plus grands coûteraient autant d'espace en hauteur que ceux-ci. D'autre part les ouvrages ont à souffrir s'il leur échoit un voisinage disproportionné.

Il faut néanmoins tenir compte de ce que chaque série distincte que l'on crée, d'après les formats, complique la recherche. L'idéal serait de pouvoir ranger les volumes en un seul ordre. Cet idéal ne pouvant être atteint, on aura cependant pour règle de s'en écarter le moins possible. Deux systèmes sont possibles :

1er *système :*

Le bas de chaque corps de bibliothèque, soit un, deux ou trois rayons, suivant les besoins, est réservé aux volumes trop grands pour être logés parmi les autres et, à la place qu'ils devraient occuper, on met un carton ou une planchette de référence, indiquant l'exception dont ils font l'objet et la place réelle qu'ils occupent. Dans le cas où l'on dispose de rayons mobiles, il arrivera d'ailleurs que les volumes de grand format, pour autant qu'il s'en présente un certain nombre à la fois (une collection) ne devront pas être déplacés de la série principale puisqu'il suffira de donner aux rayons où ils doivent prendre place, l'écartement approprié.

2e système :

On divise les ouvrages en trois formats.

On emploie alors les cotes et les dénominations conventionnelles suivantes :

O — 8° In-octavo : ouvrages ayant moins de 25 centimètres.

Q — 4° In-quarto : ouvrages ayant de 25 à 35 centimètres.

F — f° In-folio : ouvrages ayant plus de 35 centimètres.

Ex. : Q — No 124

Le format est ensuite subdivisé par le système de placement adopté.

N° d'inventaire, série continue unique ou autant de séries distinctes qu'il y a de formats.

Ex. : Q - n° 124

Classification décimale.

Ex. : Q $\frac{537}{\text{n° } 1242}$

Classement alphabétique.

Ex. : Q - CORNEILLE / no 1423

254.5. *Fonds.*

Les Fonds ou Sections sont de grands ensembles correspondant à certains caractères tout à fait généraux des ouvrages, par exemple :

a) Fonds général (tous les ouvrages sauf les exceptions).

b) Fonds des ouvrages de références (ouvrages généraux mis à la disposition directe des lecteurs dans la salle de lecture et sans qu'ils aient à remplir de bulletin.

c) Fonds de la réserve (comprenant les ouvrages précieux, rares, à communiquer à certaines classes de lecteurs seulement, à enfermer dans des meubles spéciaux).

d) Fonds spéciaux d'après certaines catégories d'ouvrages : périodiques, journaux, publications de corps savants, publications officielles, estampes, musiques, cartes, etc., d'après les salles où les livres sont déposés; ou d'après l'origine des ouvrages (Bibliothèques données, léguées, achetées, transférées, déposées).

La désignation de ces fonds peut être faite de diverses manières: 1° par des chiffres romains, 2° par numéros de la classification décimale, 3° par signe ou lettre (éventuellement l'initiale du nom qui désigne le fonds).

Exemple : IV [537] N° 1242

Les divers ordres de placement (numéro d'inventaire, indice décimal, ordre alphabétique), peuvent se combiner avec la division par format. On détermine, une fois pour toutes, celui de ces ordres adopté pour chaque fonds.

Dans les cotes de placement, on combine la notation du fonds avec celle de l'ordre de placement adopté.

Exemple : IV 537 n° 1242 ou LA 537
n° 1242

On peut convenir de rejeter la notation après le numéro d'inventaire.

Exemple : $\frac{537}{\text{n° 1242. LA}}$ ou $\frac{537}{\text{n° 1242 - 3}}$

Dans ce système, il n'y a pas lieu de recommencer dans chaque groupe ou dans chaque classement de nombres classificateurs, un numérotage individuel spécial. Sans doute, deux inconvénients, à savoir: l'impossibilité de connaître la statistique des ouvrages contenus dans chaque classement et le fait que, dans le classement sur les rayons, des numéros sont sautés. Mais ces inconvénients sont compensés par la simplicité du système. Il permet, sans modifier les cotes de placement ni les données de l'inventaire, d'introduire dans la bibliothèque, à tous moments, des classements plus détaillés s'il est reconnu nécessaire et de procéder à l'intercalation des ouvrages nouveaux. D'autre part, la statistique est facile à faire en comptant séparément les fiches de chaque division du catalogue. S'il y a des vides dans le numérotage décimal, le manque de certaines classes d'ouvrages est sans importance, car des vides similaires existent dès que l'on prend comme base les nombres classificateurs décimaux puisqu'on est obligé de laisser inoccupées certaines divisions. Il n'y a, du reste, rien à craindre quant au recollement des ouvrages: il peut se faire au moyen du catalogue et, s'il le faut, au moyen de l'inventaire qui fournit toutes les données nécessaires.

On pourrait aussi opérer le sous-classement de chaque nombre décimal par les noms d'auteurs au lieu des numéros d'inventaire. Les tables de classification de Cutter donnent le moyen de transformer, si l'on désire, des noms propres en numéros classificateurs. Le sous-classement par noms d'auteurs est utilisé dans les divisions de la *Littérature* [8].

254.7. *La disposition matérielle des rayons.*

1) Au point de vue matériel et topographique la bibliothèque est sectionnée en unités graduelles multipliées : *rayons* proprement dit, (planches), *travées* (toutes les planches superposées entre deux montants), *corps de bibliothèque* (plusieurs travées), *alcôve* (compartiment fait par plusieurs corps de bibliothèque), *galeries* ou *salles* (division architecturale du bâtiment).

2) Les nécessités matérielles empêchent souvent de donner un ordre de suite rigoureux aux installations matérielles. De là, l'utilité d'un ordre topographique indépendant de tous les autres: l'ordre des meubles eux-mêmes, considérés comme un contenant destiné à recevoir les ouvrages rangés selon l'ordre de placement adopté. Cet ordre topographique pourra être désigné soit par des lettres indiquant la succession, soit par des numéros d'ordre.

3) On peut, en imagination, se figurer tous les rayons de la bibliothèque mis bout à bout sur une seule ligne. C'est sur cette ligne qu'il s'agit de projeter l'ordre du système de classement adopté qui constitue lui-même un ordre linéaire. Voir n° 253.1.

Dans le placement sur les rayons il s'agit, en définitive, de savoir la place, le rang attribué à chaque ouvrage sur cette ligne idéale. On comprend que le sectionnement intellectuel de la ligne-classification et le sectionnement matériel de la ligne-rayon sont distincts. Ils ne sauraient nécessairement coïncider.

4) Une convention doit donc intervenir dans chaque bibliothèque et l'on y doit décider la manière dont s'y poursuit et fonctionne la ligne-rayon à travers planches, travées, meubles, alcôves.

Plusieurs méthodes sont possibles :

La plus simple est celle qui se conforme à la disposition matérielle du livre lui-même. On lit chaque page séparément, ligne par ligne, en commençant en haut et de gauche à droite. Les livres, sur le rayon, doivent être disposés de même. La page, ici, est constituée par la travée. C'est la Méthode horizontale, celle qui procède de gauche à droite avec sectionnement soit à la travée, soit seulement à l'extrémité du corps de bibliothèque qui peut comporter plusieurs travées, et implique le recommencement de gauche à droite.

Cependant on est convenu quelquefois de commencer par le bas ou, aussi, de suivre la méthode serpentine, consistant à ne pas poursuivre à la fin d'un rayon en revenant au début vers la gauche, mais immédiatement dans la direction de la verticale, sur le rayon d'au-dessus ou d'en dessous. Ce sont là pourtant d'inutiles et troublantes complications.

5) Lorsqu'on place par formats, au lieu d'établir les séries en sections distinctes, on peut les développer parallèlement dans les mêmes travées; en bas, les livres de grand format; au milieu, les moyens; en haut, les petits.

6) Dans les petites bibliothèques publiques et dans celles des particuliers, on est parfois amené à dédoubler la ligne et à établir deux rangs de livres en profon-

deur. Pour faciliter cette disposition, on surélève alors le rang du fond en le disposant sur une demi-planche elle-même surélevée par rapport à la planche entière.

7) On place parfois sur le rayon le plus accessible les livres les plus demandés et, sur le devant des rayons, les livres ayant le plus bel aspect, les moins appréciables étant relégués au fond. Ce sont là pratiques qui peuvent être admises pour des bibliothèques privées, mais qui introduiraient des complications dans les bibliothèques publiques.

255. **Réorganisation d'une Bibliothèque.**

Il y a lieu de procéder à la réorganisation radicale d'une bibliothèque, si l'organisation existante est insuffisante ou vicieuse. Eviter cependant le reclassement s'il n'offrait une utilité réelle. Prendre des mesures transitoires pour ne pas entraver le fonctionnement normal. Suivant le cas, opérer la transformation en une fois ou par étapes, mais toujours très méthodiquement, suivant un plan bien mûri et écrit, faisant partie désormais des Instructions. Il faut additionner les efforts des bibliothécaires successifs et, pour cela, les faire travailler selon une même méthode. Eviter sans nécessité des réformes basées sur de simples préférences individuelles, qui n'ont parfois pour bases qu'une incompréhension de ce qu'ont voulu les prédécesseurs ou qu'un zèle intempestif et mal placé. Cependant, adopter résolument tout ce qui est démontré être meilleur.

26. L'USAGE DE LA BIBLIOTHEQUE. LE PRET.

261. **Rapports avec le lecteur.**

Dans leurs rapports avec la bibliothèque, les lecteurs peuvent être considérés de deux manières différentes. Ou bien à la manière du Public à l'égard d'un service public quelconque. (Par exemple, les voyageurs sur les chemins de fer de l'Etat); ou bien comme les Membres d'une association, d'un club. L'attitude mentale du lecteur est différente suivant la solution adoptée. Comme membre d'une association (véritable coopérative de lecture), il se sent des devoirs de coopération, de complaisance, de mutualité; il est porté à défendre l'institution plutôt qu'à la critiquer; il est indulgent pour ses défauts; fier de ses mérites, et prêt à vouloir ce qui peut la développer et la faire aimer. Toutefois le service public offre l'avantage de supprimer les formalités.

On peut combiner les deux points de vue en organisant la bibliothèque sur la base des deux catégories, public et membres. La bibliothèque sera donc de libre accès à tous. Les membres enregistreront leurs noms d'une manière permanente (sur un registre ou sur fiches), ils promettront, à la bibliothèque, en leur qualité de membres, tout leur concours moral. On leur réservera certains avantages moraux (par exemple des priorités, l'envoi à domicile de certains livres, l'assistance à une réunion administrative annuelle, etc.).

262. **Recommandations aux lecteurs. Registre d'observations.**

Il est utile d'insérer dans le catalogue, s'il est distribué aux lecteurs, des recommandations sur le respect et les soins qu'ils doivent aux livres (voir n° 271). Certaines bibliothèques encartent dans les ouvrages remis en prêt, un bulletin de recommandations. On peut aussi les afficher.

Réciproquement, il est utile que les lecteurs puissent parler à la direction de la Bibliothèque. A cet effet on mettra à leur disposition un Registre d'observations. Ils y écriront leurs desiderata quant aux ouvrages à acquérir et, d'une manière générale, toutes leurs suggestions.

263. **Bulletin d'emprunt.**

Il est indispensable de faire remplir et signer par le lecteur un bulletin d'emprunt pour les ouvrages qu'il demande. La même formule peut servir pour la lecture sur place ou pour le prêt au dehors.

Les bulletins d'emprunt ont le format des fiches du catalogue (0.075 × 0.125), de façon à pouvoir être logés dans le fichier.

Ces bulletins ne sont pas rendus aux lecteurs, mais utilisés administrativement comme il est dit d'autre part. On peut aussi employer le système de bulletins à souches que le lecteur paraphe au reçu de l'ouvrage.

Bulletin d'emprunt : N° du prêt ....

N° de la carte du lecteur ....

Le soussigné ....

demeurant à ...., rue ...., n° ....

a reçu en lecture sur place (ou) à domicile :

TITRE DE L'OUVRAGE	COTE DE PLACEMENT

Date .... Réclamé retour le ....

Signature : Rentrée du prêt le ....

BIBLIOTHÈQUE PUBLIQUE DE X...

264. Les Lecteurs dans la Bibliothèque.

Il faut tendre à organiser la Communauté intellectuelle dans la bibliothèque, faire que chacun puisse s'orienter par soi-même, s'aider soi-même. Il y a une progression dans le self help : 1° se servir soi-même du catalogue; 2° écrire sa demande sur un bulletin de demande d'ouvrage; 3° écrire la cote de l'ouvrage sur ce bulletin; 4° avoir libre accès au rayon.

L'unité d'organisation des biliothèques habitue les lecteurs aux systèmes employés et les met à leur aise.

La délivrance des ouvrages se fait ordinairement au guichet, sorte de comptoir bien ouvert.

265. Recherche d'un livre dans la Bibliothèque.

La recherche d'un livre s'opère en deux actes :

1° Chercher dans le catalogue la cote du livre: a) d'après le nom de l'auteur, si on le connaît (catalogue des auteurs); b) d'après le sujet ou matière, si l'on est plus préoccupé de trouver une classe de livres qu'un livre déterminé (catalogue des matières): quand on procède par idée générale, on utilisera le catalogue systématique ; quand on procède par idée particulière, on recourra au catalogue analytique. La recherche dans le catalogue systématique est précédée de la consultation des tables de classification qui indiquent l'indice décimal du sujet); c) d'après le numéro du livre, si on le connaît (inventaire numérique).

2° En possession de la cote du livre, on le cherche sur les rayons. Trois cas peuvent se présenter : a) si la bibliothèque est classée décimalement, on cherche d'abord à la classe du livre donnée par l'indice décimal de la cote, et ensuite, dans la classe, au numéro individuel (numéro d'inventaire), donné également par la cote; b) si la bibliothèque est classée simplement par numéro d'inventaire, on retrouve le livre par ce numéro que fournit la cote. On fait alors dans celle-ci abstraction complète de l'indice décimal ; c) si les livres sont classés par format et par numéro individuel d'inventaire, on se rend d'abord aux rayons du format indiqué. On peut remplacer sur les rayons l'ouvrage emprunté en y plaçant un carton.

266. Le Prêt au dehors. Règlement.

Tout en étendant à tous la faculté d'user des collections, on aura soin de veiller minutieusement à la sauvegarde de leur intégrité. On établira donc un règlement du prêt et des sanctions appropriées et on aura soin d'en faire l'application, sans distinction de personne, mais en tenant compte des circonstances.

Voici quelques points sur lesquels devrait porter le règlement. On évitera cependant les dispositions purement formalistes et pouvant tracasser inutilement les lecteurs. La gestion doit s'opérer dans un esprit large et bienveillant.

1. *Exclusion de certains genres d'ouvrages.* — Les dictionnaires et encyclopédies, les numéros récents de périodiques, sont généralement exclus du prêt au dehors.

2. *Limitation du nombre.* — Le nombre d'ouvrages prêtés au même lecteur sera limité. De nouveaux prêts ne seront accordés, sauf exceptions plausibles, qu'après la rentrée des prêts antérieurs.

3. *Durée du prêt.* — La durée des prêts doit être limitée à huit ou quinze jours, faute de quoi d'autres lecteurs seraient indéfiniment privés de l'usage de certains ouvrages.

4. *Rentrée des prêts.* — Les ouvrages non rentrés à la date prescrite doivent être réclamés par l'envoi d'un rappel au lecteur. Mentionner ce rappel au registre des prêts.

5. *Dommages causés aux pièces.* — Tout ouvrage doit porter sur son *ex-libris*, la mention de son état si celui-ci est anormal : numéro des pages manquantes, déchirées, tachées, couverture ou reliure endommagée, etc., mentions paraphées par le conservateur. Le lecteur qui reçoit en lecture ou en prêt un ouvrage avarié, a intérêt à veiller à ce que la constatation en soit faite sur l'ex-libris. A la rentrée des ouvrages on vérifiera si l'ouvrage est resté dans l'état où il a été communiqué, et dans la négative on exercera les recours.

6. *Garantie, caution.* — Les bibliothèques dont les collections sont précieuses quant au prix ou à la rareté des ouvrages, pourront exiger le versement d'une caution de

garantie proportionnée, se réservant le droit de prélever sur ce versement le montant des ouvrages abîmés ou perdus.

7. *Infractions au Règlement.* — Des sanctions doivent être édictées pour toute infraction au règlement du Prêt : amendes, suspension temporaire du prêt, imputation des frais de restauration des documents détériorés, des pièces perdues.

267. **Administration du prêt au dehors.**

L'administration de la bibliothèque est organisée de façon à fournir réponse à diverses questions :

1. Quels sont les lecteurs admis à utiliser la bibliothèque, quel est leur nombre ?
2. Tel ouvrage est-il sorti, qui le détient ?
3. Quels ouvrages détient tel emprunteur ?
4. Quels sont les prêts dont le délai réglementaire est expiré ?
5. Quel est le nombre des prêts effectués ?
6. Quels sont les ouvrages les plus demandés ?
7. Quelle est la valeur approximative des collections?

Quatre documents établis en corrélation les uns avec les autres et tenus à jour permettront de fournir, *à tout moment,* la réponse aux sept questions. Ce sont : la Liste des lecteurs, le Registre des prêts, le Répertoire des emprunteurs et le Répertoire des ouvrages sortis. Ces quatre instruments administratifs sont établis suivant une méthode qui réduit au minimum la tâche du bibliothécaire et fournissent en même temps les éléments d'une administration sûre d'elle-même, d'un contrôle facile et complet.

267.1. *Liste des lecteurs.*

Une bibliothèque publique, comme son nom l'indique, doit admettre tous les lecteurs. Aucune formalité, sauf la rédaction d'un bulletin d'emprunt, ne s'impose pour la lecture sur place. Le prêt à domicile cependant doit s'entourer de précautions. Le bibliothécaire est responsable, moralement tout au moins, du bien précieux qui lui est confié.

Carte de lecteur. — Pour vérifier l'identité de l'emprunteur et, pour n'avoir pas à renouveler cette formalité à chaque prêt, il est délivré une carte d'emprunteur au lecteur qui désire emporter des livres.

La carte est constituée par une simple fiche du format habituel 0.075 × 0.125. Elle porte le cachet de la bibliothèque, les nom et prénoms, qualité, adresse du lecteur, son numéro matricule emprunté à la liste des lecteurs, la date de son inscription et la signature du bibliothécaire.

Liste des lecteurs. — Registre dans lequel chaque lecteur est mentionné par simple transcription des données portées sur sa carte de lecteur. Pour plus de clarté, ces données sont disposées en colonne. Le registre aura le format des autres livres administratifs de la bibliothèque (0.215 × 0.275). Le numéro matricule est déterminé par un numérotage progressif des inscrits, 1, 2, 3, 4, ... Le dernier chiffre fournit ainsi le nombre total des lecteurs.

No matric.	Date d'inscription	Noms et prénoms	Qualité	Adresse
1	2	3	4	5

627.2. *Registre des Prêts.*

Le Registre de prêts (registre de sortie), du format 0.215 × 0.275, répartit en sept colonnes, les mentions portées sur les bulletins d'emprunts. C'est d'après ceux-ci que, à l'issue de chaque séance de prêt, les écritures sont passées au registre. Il n'y a aucune utilité, bien entendu, à y mentionner les lectures faites sur place. L'inscription des prêts au dehors seule importe, car elle doit être suivie et contrôlée.

Un numéro d'ordre est affecté à chaque prêt et ce numéro est reporté ensuite sur le bulletin d'emprunt. C'est un numérotage progressif 1, 2, 3, ..., le dernier numéro donnant ainsi le chiffre statistique des prêts au dehors.

No du prêt 1	Nom ou numéro du lecteur 2	Cote de l'ouvr. 3	Date du prêt 4	Date de la rentrée 5	Dates des rappels 6	Observations 7

627.3. *Répertoire des Emprunts.*

Ce Répertoire est constitué par simple accumulation des bulletins d'emprunt dressés par les lecteurs. Ils sont classés soit dans l'ordre alphabétique du nom des emprunteurs, soit dans l'ordre numérique de leur numéro matricule (ce dernier classement est de beaucoup, le plus facile).

267.4. *Répertoire des Ouvrages sortis.*

Avant de verser au répertoire des emprunteurs les bulletins de prêt, on transcrira,pour chacun d'eux sur une fiche distincte, deux chiffres : 1° le numéro d'inventaire de l'ouvrage; 2° le numéro du prêt; s'il s'agit d'un périodique ou d'un ouvrage à suite, on ajoute le numéro ou la date du fascicule.

Ouvrage prêté : No d'inventaire ....

Tome ou fascicule ....

Prêt No ....

Ces fiches sont classées dans l'ordre numérique des numéros d'inventaire. Des fiches divisionnaires, à bec saillant, séparent les centaines. A chaque rentrée, on a soin de retirer la fiche correspondante, pour la placer derrière une sous-division du répertoire, intitulée *ouvrages rentrés*, placée au bout de la série.

Avant de se rendre aux rayons pour y prendre un ouvrage, il suffit de voir, s'il ne figure pas parmi les ouvrages sortis. Dans l'affirmative, grâce au numéro du prêt, on peut, par surcroît, trouver au registre de prêt, la date de la rentrée probable et le nom du détenteur.

Dans les bibliothèques à service intensif, il faut éviter aux lecteurs, la recherche de livres en lecture. A cette fin on fait usage d'indicateurs, appareils sur lesquels sont portés, par numéros apparents, de couleurs différentes, les livres sortis ou rentrés.

267.5. *Statistique du Prêt.*

Les quatre instruments administratifs du prêt, qui viennent d'être décrits, fournissent tous les éléments d'une statistique dont le Bibliothécaire aura besoin pour l'élaboration de ses rapports périodiques.

267.6. *Variante concernant les opérations du Prêt.*

Si les prêts sont peu fréquents, il suffit d'employer le Registre des prêts. S'ils sont nombreux, on peut activer les opérations du prêt par le système suivant :

1° Chaque nouveau lecteur reçoit une carte d'admission permanente, comme il est dit ci-dessus n° 267.1.

2° Chaque livre est accompagné d'un double de sa fiche de catalogue avec cases pour inscriptions. Ce double est placé dans une pochette de papier fixée elle-même à l'intérieur de la couverture.

3° Au moment du prêt, le bibliothécaire redemande sa carte d'admission au lecteur, retire la fiche du livre et y inscrit la date du prêt et le numéro du lecteur au crayon.

4° A la fin de la journée on opère le classement des fiches et des cartes dans le fichier des livres prêtés, qui est divisé en deux parties : *a)* les fiches des livres sont placées ensemble dans l'ordre même où les livres sont placés sur les rayons (indice décimal, numéro d'ordre, ou nom d'auteurs). On peut connaître ainsi immédiatement les livres qui sont empruntés, et à qui on a fait le prêt; *b)* les cartes d'admission sont rangées alphabétiquement dans la deuxième partie du fichier, sous la division de la journée, à l'aide d'un jeu de fiches divisionnaires mobiles formant calendrier perpétuel.

5° Quand le livre est rapporté, on consulte sa feuille intérieure, et on demande le nom de l'emprunteur. On remet sa carte à celui-ci et on replace le double de la fiche catalogue dans le livre.

27. ENTRETIEN ET CONSERVATION MATERIELLE DU LIVRE. HYGIENE DU LIVRE.

Les livres doivent constamment être maintenus en bon état et défendus contre les causes de détérioration.

Les ennemis des livres sont: les emprunteurs négligents, maladroits ou malpropres, l'humidité, les rayons du soleil, les microbes pathogènes, la poussière, les insectes, les rongeurs : rats et souris, les animaux domestiques.

271. Précautions dans le maniement du livre.

On ne plie pas les pages d'un livre en manière de signet. On ne les feuillette pas en mouillant le doigt, on ne touche pas les livres avec des doigts sales. On ne pose pas les doitgs sur les gravures. On n'expose pas le livre à la pluie, à l'humidité, à la proximité du feu. On ne le dépose pas par terre ni sur des tables ou des rayons malpropres.

272. Réparation des détériorations.

Un livre endommagé doit être immédiatement retiré de la circulation et réparé. Comme en toute matière. tout retard dans la réparation aggrave le mal. Pages déchirées ou arrachées, à recoler ou à recopier. Couvertures affaiblies. Revision périodique des livres à ce point de vue. La couverture ou reliure doit être fréquemment renforcée ou rétablie. Les taches des livres s'enlèvent différemment selon la nature de ces taches. Traces de doigts sales, enlevées par la gomme ou de la mie de pain. Taches de graisse ou de bougie, enlevées en plaçant la page entre deux feuilles de buvard et en appliquant un fer chaud, etc. On évite l'humidité et les pointes de moisissure par une bonne aération de la Bibliothèque, de préférence le matin.

273. **Enlèvement des poussières.**

Ne pas balayer les salles ni épousseter les planches, ce qui provoque un déplacement et non un enlèvement de la poussière. Il faut laver les salles, essuyer les livres avec des chiffons de grosse laine, non pelucheux, les battre deux à deux au dehors, ou mieux, appliquer le système de l'aspiration par le vide. Des appareils fort pratiqué mus par l'électricité, sont dans le commerce.

274. **Hygiène du Livre. Désinfection.**

Les livres doivent être constamment désinfectés. On se sert d'un fourneau clos, dans lequel une lampe brûle des pastilles de formol. On pose le livre légèrement ouvert en éventail sur une grille : la désinfection s'opère en six heures. Tous les livres prêtés, rentrés dans la journée, doivent, le soir, passer dans l'appareil. En cas d'épidémie, les Administrations Communales se chargent de la désinfection. Une désinfection anodine s'opère par une présentation des livres au soleil.

3. ADMINISTRATION.

Pour former et faire fonctionner une bibliothèque, il ne suffit pas d'un ensemble d'opérations techniques, limitées à la sphère interne de la bibliothèque. Il est encore un ensemble de conditions et d'opérations externes, non techniques, que l'on peut grouper sous le terme général d'Administration. Elles concernent la législation, la direction, les finances, la coopération avec les autres forces sociales, la propagande.

31. LEGISLATION DE LA BIBLIOTHEQUE PUBLIQUE.

1. *La loi du 17 octobre 1921* a réglé pour la première fois l'organisation des bibliothèques publiques en Belgique. Elle tend à établir dans chaque commune au moins une Bibliothèque communale ou adoptée. Le cinquième des électeurs peut imposer qu'il en soit ainsi. Des subsides sont accordés à toutes les bibliothèques, fussent-elles libres, pourvu qu'elles remplissent les 7 conditions exigées : 1° local convenable au point de vue matériel et moral; 2° minimum de livres et minimum de prêts; 3° accessible à tous ; 4° gratuite, sauf une légère perception pour le prêt à domicile; 5° minimum de séances de prêts par semaine; 6° acceptation de l'inspection de l'Etat; 7° gestion confiée à un bibliothécaire belge possédant un certificat d'aptitude. Les bibliothécaires reçoivent un minimum d'indemnité, et sont protégés contre l'arbitraire. Un service d'inspection est créé pour exercer le contrôle gouvernemental. Un Conseil supérieur des bibliothèques est créé, conseil consultatif mais doté de l'initiative indispensable.

La législation belge au point de vue administratif a été calquée sur la législation scolaire. Les Bibliothèques publiques peuvent donc être classées en trois catégories :

1° Les Bibliothèques communales, organismes officiels créés et gérés par la commune, fondés librement par elle, ou obligatoirement si un cinquième des électeurs le demandent.

2° Les Bibliothèques adoptées. Ce sont celles organisées par un groupement de libre initiative, mais qui sont reconnues par la Commune. Ce sont aussi des organismes officiels.

3° Les Bibliothèques adoptables. Ce sont celles qui, bien que de pure initiative privée, répondent aux sept conditions prévues par la loi pour recevoir les subsides de l'Etat.

2. *Sources.*—La loi a été publiée au *Moniteur* du 19 novembre 1921. La publication du projet de loi a été accompagnée du rapport circonstancié de la commission qui a préparé le projet à l'unanimité de ses membres. (Arrêté royal du 5 avril 1921). Le rapport Heyman à la section centrale contient des données intéressantes.

3. *Exécution de la loi.* — Arrêté royal du 10 octobre 1921 a fixé les conditions d'exécution de la loi. Un arrêté ministériel du 22 mars 1922 règle les conditions des cours et examens officiels pour bibliothécaires. (*Moniteur* du 22 mars 1922.)

4. *Cours.* — Les cours ont lieu aux vacances de Pâques. Ils durent six jours. Ils sont institués au chef-lieu de chaque province. Le droit d'inscription est de 10 francs. Le programme comprend 15 points, groupant une cinquantaine de questions. Des visites constituent les exercices pratiques. Le Jury Central siège à Bruxelles en mai et en septembre et comprend deux sections, l'une française, l'autre flamande.

5. *Législation concernant les autres cours de bibliothèques.* — Pour les dispositions législatives et administratives concernant les autres bibliothèques du pays, voir *Pandectes Belges,* v° Bibliothèques et Arrêté royal du 23 octobre 1913.

32. FONDATION DES BIBLIOTHEQUES.

Initiative à prendre par une personne en groupant un petit noyau d'activité autour d'elle. Appui des sociétés locales; patronage d'autorités et de notabilités. — Obtention d'un premier fonds de livres ou d'un capital pour en acheter. — Intervention des industriels de la région, et des syndicats intéressés à l'éducation de la main-d'œuvre, des sociétés locales à but d'utilité publique. — Centralisation des bibliothèques locales par voie de fusion ou de fédération. Réorganisation des bibliothèques existantes.

33. ORGANISATION. DIRECTION. ACTION ADMINISTRATIVE.

331. NOTIONS.

Distinction et corrélation entre les termes. 1° Organiser c'est dresser le programme ; mettre en corrélation locaux, personnel, collections, public. 2° Diriger : c'est exercer l'autorité. 3° Administrer : c'est effectuer les opérations autres que celles d'ordre technique, et qui ont pour objet principalement les rapports avec le personnel inférieur, avec les tiers, avec les autorités.

333. Direction.

A la tête, un conseil de bibliothèque, dont devraient faire partie le bibliothécaire, l'échevin de l'instruction publique, deux conseillers, un membre du personnel enseignant primaire, un membre représentant l'enseignement technique, lorsqu'il existe, un membre représentant l'enseignement moyen s'il y en a.

D'après la législation belge, le Conseil prend toutes mesures pour la bonne organisation ou le développement de la bibliothèque publique, émet son avis sur l'achat des livres, compose le règlement d'ordre intérieur, donne son avis sur la nomination et la révocation du personnel comme sur le budget, contrôle l'inventaire et les statistiques, fait rapport annuellement à l'autorité communale sur la situation de la bibliothèque.

La Direction couvre le personnel. Celui-ci a des pouvoirs que lui délègue la Direction. Utilité des instructions et des ordres écrits. Hiérarchie des responsabilités : le personnel subalterne vis-à-vis du bibliothécaire, celui-ci vis-à-vis de son comité, lequel relève des autorités locales, et celles-ci à leur tour, sont soumises à la loi et au contrôle de l'Administration centrale.

334. Méthodes administratives.

Ces méthodes ont été toutes transformées récemment. Il appartient aux bibliothèques d'être à l'avant-garde d'un mouvement qui s'inspire d'une réaction contre la routine, le formalisme, le « tatillonisme », l'indifférence quant aux résultats, l'arbitraire, l'abus des écritures inutiles, la lutte contre la mauvaise bureaucratie et la paperasserie. (Voir les travaux de M. Fayol et de ses collègues, ceux de l'Institut International de bibliographie sur la documentation administrative, les revues spécialisées, telles que « Système » et « Mon bureau »). Les méthodes scienifiques d'enregistrement des faits, de classement systématique, d'utilisation de fiches et de feuillets mobiles, de classeurs verticaux, etc., s'appliqueront à toute l'administration de la bibliothèque. Cette administration tendra à être ramassée et condensée, claire, facile. Elle sera aussi impersonnelle, de manière à faciliter les collaborations ainsi que la continuation par des remplaçants, interims ou successeurs. — Les règles essentielles suivies par l'administration des bibliothèques seront consignées, par écrit, dans les instructions de la bibliothèque, à la suite des règles concernant sa gestion technique. Les archives administratives seront tenues en bon état. Pièces classées par catégories (correspondance, ordres de l'Administration supérieure, factures et pièces comptables, etc.)

335. Manuel des méthodes et Instructions administratives.

On peut donner les conseils suivants :

1° *Manuel des méthodes.* — Le chef de chaque bibliothèque a intérêt à établir une documentation personnelle sur la matière des livres et de la bibliothèque. A cet effet, il élabore un Manuel sous forme de dossiers, avec feuilles grand format (21 1/2 x 27 1]2), avec ou sans fichier parallèle pour concentrer les notes succinctes. Ce dossier peut constituer un véritable traité ou encyclopédie du sujet, élaboré par lui-même. On le commencera, par exemple, au moyen des notes prises au cours de bibliothéconomie. On le continuera par les notes et études préparatoires à l'examen et celles ultérieures, toutes notes prises pendant les lectures, les visites, les voyages, tous documents recueillis, y seront incorporés.

2° *Recueil des Instructions.* — Toute bibliothèque doit avoir des instructions écrites déterminant son organisation, ses services, ses opérations, son administration. Ces Instructions font un choix entre les diverses méthodes possibles et les ordonnent en un tout bien organique et dont toutes les parties sont solidaires. Elles fixent la ligne de conduite arrêtée et assurent ainsi l'unité et la continuité du travail dans une Bibliothèque. (La préparation en projet de telles instructions pour une bibliothèque déterminée ou une bibliothèque que l'on voudrait voir créer, constituerait une excellente et toute utilitaire préparation à l'examen.)

336. **Règlement.**

Le règlement est le moyen de légiférer dans le royaume qu'est la bibliothèque. Le règlement concerne les lecteurs et le public, il concerne aussi le personnel, (comité, bibliothécaire, assistants.) Prévoir l'essentiel dans le règlement. Ce règlement doit s'inspirer des meilleurs modèles, mais s'adapter aux circonstances locales et spéciales. Il traitera des conditions de fréquentation et de prêt, des jours et heures d'ouverture, de la conduite dans les salles de lecture, etc. (Voir aussi n° 262.)

337. **Rapport.**

Le bibliothécaire fera tous les ans un rapport sur la marche de la bibliothèque. Ce rapport s'adressera non seulement aux autorités de l'institution, mais aux lecteurs et au public en général. Il ne se bornera pas à la gestion administrative; il traitera de quelques points susceptibles de fâire progresser la bibliothèque, soit matériellement, soit moralement et intellectuellement.

Le rapport sera accompagné ou appuyé des éléments statistiques et financiers décrits sous les n°s 338 et 339.

338. **Statistiques.**

Enregistrement des principaux faits. (Etat des collections, accroissements, lecteurs inscrits, prêts au dehors, correspondance, consultation sur place.) Statistiques basées directement sur l'enregistrement régulier des données, et non sur des comptages distincts. Représentation graphique et comparaison des résultats.

34. FINANCES. BUDGET. COMPTABILITÉ.

La gestion financière comprend les moyens de procurer à la Bibliothèque les ressources économiques nécessaires à son premier établissement et à la gestion annuelle. Elle s'étend à la bonne gestion économique.

341. **Budget.**

Il sera dressé annuellement un budget ou prévision de recettes et dépenses.

Recettes. — Elles sont composées de subsides officiels de l'Etat, de la Province, de la Commune, des dons et subsides des particuliers, du montant des cotisations et des amendes prévues par le règlement, du produit de la vente du catalogue et de l'organisation de fêtes au profit de la Bibliothèque.

Dépenses. — Elles comprennent: indemnité du personnel, entretien des locaux, achat de livres, entretien des livres (reliure, désinfection), frais de chauffage et d'éclairage, frais d'administration, registres, fiches, correspondance.

342. **Bilans et Comptes.**

Les comptes de l'année seront dressés sur la base des inventaires, en confrontation avec le budget de prévision. Ils prendront la forme d'un compte des recettes et des dépenses de l'année et d'un Bilan dans lequel le patrimoine de la Bibliothèque sera évalué en se basant sur les inventaires des collections et du matériel, et en figurant éventuellement les dettes et charges.

343. **Inventaire.**

L'inventaire aura deux formes: 1°) Inventaire comptable, il résultera du Registre Inventaire des entrées, tenu à jour, où l'on trouvera les achats et les reliures; 2°) dénombrement individuel, ou recollement de l'inventaire, qui s'opérera périodiquement au moins une fois par an, en confrontant les ouvrages existants sur les rayons avec les indications portées à l'inventaire des entrées. On s'aidera des listes numériques et des catalogues en évitant toutes écritures inutiles. Le registre d'entrée (inventaire) sera tenu pour le livre auxiliaire concernant les achats. (Voir n° 252.4). Les bordereaux de reliure, liassés, le seront aussi. (Voir n° 251.2.)

344. **Subsides officiels.**

L'Etat, les Provinces, les Communes aux termes de la législation belge interviennent dans le service des Bibliothèques par des subsides officiels:

1° *Les Communes.*

a) Les Bibliothèques communales ont leurs dépenses supportées par la commune qui fournit le local, le fonds et les subsides, et peut répartir sur deux exercices les dépenses de fondation si son budget est petit.

b) Les Bibliothèques adoptées jouissent d'un crédit prélevé sur le fonds communal.

c) Les Bibiothèques adoptables ont un budget composé de dons des fondateurs et des protecteurs ainsi que des cotisations des lecteurs. Elles peuvent être subsidiées par la Commune.

2° *Les Provinces.* — Elles interviennent dans des conditions variées et en vertu de leur propre autonomie. Les Provinces de Brabant et de Hainaut ont pris d'intéressantes initiatives.

3° *L'Etat.* — Il intervient pour accorder aussi des subsides si ces bibliothèques réunissent les conditions légales. Les subsides sont composés des indemnités aux bibliothécaires, des dons et de secours exceptionnels, Certains départements ministériels distribuent des ouvrages. Ministère de l'Agriculture, publications agricoles, Ministère de l'Industrie et du Travail, publications techniques, Ministère des Colonies. (Service de l'information et de la propagande), publications coloniales.

345. Comptabilité.

La comptabilité s'opérera au moyen des instruments administratifs suivants:

1° Minutes des lettres de commandes. (Classeur).

2° Factures à payer. (Classeur). On rédige éventuellement une facture fictive. Les factures portent les indications de vérification.

3° Factures payées et quittances. (Classeur classé par fournisseurs.)

4° Ouvrages commandés. (Fichier classé alphabétiquement par auteurs, les fiches portent le nom du fournisseur).

5° Ouvrages reçus (Fichier classé alphabétiquement par auteurs. Ce sont les fiches des ouvrages commandés qui passent dans cette catégorie).

6° Livre de Caisse portant inscription de toutes les pièces administratives, sommes reçues, sommes payées, lettres.

Classeurs, livres et registres sont du format universel 0,215 x 0,275.

35. COOPERATION AVEC LES AUTRES INSTITUTIONS ET FORCES SOCIALES.

La Bibliothèque ne saurait vivre dans un « superbe isolement ». Elle est un organe, un rouage social. A ce titre, elle doit être reliée à l'ensemble des institutions sociales et devenir partie intégrante, nécessaire, du grand ensemble, de mieux en mieux organisé, que doit tendre à devenir la Société. Elle a droit à être aidée par les autres institutions sociales, tandis que, à son tour, elle a le devoir de concourir à leurs fins. Elle doit recevoir, elle doit donner. Semblable coopération (mutualisme, solidarité), doit s'exercer notamment avec la Famille, avec l'Ecole, avec les Groupes professionnels, avec les Œuvres (associations), avec les Administrations de l'Etat, de la Province et de la Commune.

36. LA PROPAGANDE.

Faire connaître, apprécier, aimer la bibliothèque, donner une idée des sources de la documentation, développer la curiosité intellectuelle, former le jugement critique, présenter les ouvrages à lire, et à consulter, apprendre le maniement du catalogue, exposer les méthodes de lecture et les moyens pratiques de prendre et de conserver des notes: telle est l'œuvre du Bibliothécaire, et de ceux qui l'assistent dans sa tâche, après que leurs efforts ont réussi à créer la Bibliothèque.

Peu de personnes se font une idée exacte de ce qu'est une Bibliothèque, à quoi elle sert, comment on s'en sert, quelles sont ses ressources. La tâche du Bibliothécaire est de répandre de telles notions. Il le fait par des explications individuelles et occasionnelles. Il s'entendra avec les chefs d'écoles pour que ces explications soient aussi données sur place aux enfants. Des entretiens familiers au milieu des livres, des conférences, causeries presque expérimentales au sein de la bibliothèque elle-même y peuvent contribuer largement (visites gardées). De même les séances de lecture à haute voix, en commun, la publication des catalogues raisonnés, les listes de lectures à faire, des expositions renouvelées de livres et de gravures.

La publicité est nécessaire : ce dont on ignore l'existence, on n'a nul désir. La publicité est légitime : comme les œuvres, comme les services publics, les institutions intellectuelles sont forcées à recourir aux moyens de publicité mis en œuvre par le commerce, mais en gardant la mesure et la dignité. — On se souviendra que la première publicité est celle faite par les lecteurs eux-mêmes, satisfaits de l'organisation. — Annonces dans les journaux, dans les annuaires et dans les guides;

prospectus et notices envoyés à domicile ; cartes-vues ; affiches exaltant les bienfaits de la lecture (apposées dans les rues, dans les écoles, dans les librairies, etc.) ; distribution du rapport annuel, dont on obtiendra la reproduction dans la presse locale ; exposé au conseil communal, par l'Echevin de l'Instruction publique ou par un ami de la bibliothèque; rappels par les instituteurs aux parents; avis donné dans les journaux, des nouveautés reçues; avis donnés par des cinémas locaux, que des ouvrages se rapportant au film projeté sont en lecture à la bibliothèque, etc.

En un mot, le Bibliothécaire moderne ne doit pas se contenter de procurer des livres à ceux qui en demandent; il doit aussi attirer les lecteurs, s'efforcer d'introduire dans le corps social le contenu des livres utiles. Son ingéniosité trouvera mille moyens d'entretenir une publicité constante par les voies les plus diverses. La publicité prendra aussi la forme coopérative. On a suggéré aussi la formation de collèges de conférenciers, vulgarisateurs de la littérature, des sciences, des arts, qui, faisant œuvre d'animateurs, d'excitateurs de la curiosité iraient à travers le pays éveiller le désir de lire les œuvres mises, dans chaque localité, à la disposition du public. Les universités populaires, les groupements d'anciens élèves pourraient utilement développer leurs efforts dans le même sens.

4. LE BIBLIOTHECAIRE, LES SCIENCES BIBLIOLOGIQUES, LA COOPERATION ENTRE BIBLIOTHEQUES.

41. LE BIBLIOTHECAIRE.

411. Conception de la fonction.

Le Bibliothécaire a pour fonction d'organiser et d'administrer la Bibliothèque.

Le Bibliothécaire est une combinaison d'éducateur, d'homme d'étude, d'homme d'œuvre, d'administrateur, d'organisateur. Le but suprême qu'il doit se proposer c'est de faire connaître les possibilités du livre. Le Bibliothécaire sera animé d'un triple esprit : 1°) *L'esprit qui anime l'intellectuel :* se souvenir constamment que le livre et, par conséquent, la Bibliothèque, relève du domaine des forces scientifiques, esthétiques, morales, spirituelles. 2°) *L'esprit technique :* faire que toute action, toute opération, soit effectuée sans cesse avec le maximum de technicité selon les meilleures méthodes, avec la meilleure matière, le meilleur outillage, le meilleur personnel, afin d'atteindre le maximum de rendement. 3°) *L'esprit social:* rendre sensible et présente la préoccupation sociale, vouloir l'utilité pour le grand nombre, travailler à l'amélioration de la société.

Le chef d'une bibliothèque est aidé de collaborateurs: Bibliothécaire-adjoint, rédacteurs, copistes, gens de service.

412. Qualités requises du Bibliothécaire.

Le Bibliothécaire aura une culture générale sérieuse et une formation professionnelle. Il aura des qualités morales notamment le tact, un bon tempérament qui dérive en grande partie d'une bonne santé, entretenue hygiéniquement, la patience, l'initiative, l'ordre, la méthode, l'exactitude, la mémoire, le désintéressement.

Toutes les qualités générales requises par un travail intellectuel sont demandées au Bibliothécaire: L'attitude

gique profite de toutes ces expériences universelles, qu'elle ne soit pas en retard sur l'étranger, qu'elle apporte, elle aussi, sa contribution au Progrès universel.

414. Connaissances du Bibliothécaire.

Le bibliothécaire doit être un érudit. Quel programme d'étude lui assigner sinon celui d'approfondir et développer le programme scolaire, collégiaire, universitaire lui-même. Il doit avoir des notions étendues d'histoire (les événements dans le temps), de géographie (les choses dans l'espace), de sciences (la réalité même en ses trois divisions : la Nature, l'Homme, la Société), de littérature et d'art (ils expriment les impressions, émotions, réactions humaines au contact des choses et des idées). Le Bibliothécaire doit avoir une idée des applications des sciences à la vie pratique et ne pas être incapable de s'élever jusqu'à la compréhension des grandes synthèses philosophiques. Le bibliothécaire doit être un encyclopédiste. Il doit s'intéresser à l'ensemble des connaissances humaines. Dans une société au travail intellectuel spécialisé comme la nôtre, la Bibliothèque, avec l'Ecole et l'Université, est la seule Institution qui présente l'ensemble des connaissances et qui se préoccupe de leurs liaisons.

415. Travaux du Bibliothécaire.

Le bibliothécaire saura « travailler ». La conception du travail s'est modifiée en ces dernières années sous l'empire de certaines idées : organisation, sériation et division du travail, efficacité, rendement maximum (efficiency). Le travail intellectuel, après le travail manuel, a été influencé graduellement par ces mêmes préoccupations.

Le bibliothécaire doit lire. Sans doute cette lecture ne doit être faite au détriment de ses fonctions qui ont à s'exercer dans l'intérêt des lecteurs. Le bibliothécaire est tout d'abord un agent chargé de faire fonctionner un service et ses fonctions ne doivent pas être conçues par lui comme une sinécure, une retraite intellectuelle. Mais cette réserve faite, il doit lui-même donner l'exemple de l'étude et de la lecture

416. Assistance au lecteur.

Le bibliothécaire, en tous temps, prêtera assistance au lecteur surtout au lecteur inexpérimenté. Afin d'être le plus utile, il s'efforcera de bien connaître l'état intellectuel et les besoins du milieu où la bibliothèque est placée. Une distinction sera faite entre l'assistance intellectuelle et l'assistance morale. La première consiste à aider le lecteur à mieux se diriger vers ce qu'il cherche réellement. La seconde tend à se substituer à lui dans sa direction morale et à l'influencer dans un certain sens. — Le personnel des bibliothèques publiques donnera sa pleine assistance intellectuelle, technique, mais s'abstiendra de toute assistance morale qui pourrait porter ombrage à la liberté de conscience du lecteur ou transformer la bibliothèque en auxiliaire d'une propagande politique, philosophique ou religieuse. Une bibliothèque publique doit être essentiellement une institution impartiale et neutre.

42. LES SCIENCES BIBLIOGRAPHIQUES.

421. Notions.

Le livre, comme toute chose, est objet de science, c'est-à-dire que toutes les expériences, toutes les connaissances qui y sont relatives, doivent être rassemblées, coordonnées, synthétisées. Les sciences du livre ou sciences bibliologiques comprennent: 1°) une partie théorique (Bibliologie proprement dite), 2°) une partie descriptive (Bibliographie au sens général du mot), 3°) une partie appliquée concernant : a) la technique des opérations matérielles relative au livre et à ce qui a rapport à lui (il faudrait l'appeler la Bibliotechnie); b) les dispositions relatives à son organisation, (il faudrait l'appeler Bibliothéconomie). — Les arts divers du livre doivent reposer sur les principes de la théorie raisonnée du livre et échapper ainsi à l'empirisme ou à la routine. C'est la condition même du progrès, en ce domaine comme en tous les autres.

La Bibliothéconomie peut donc être définie la partie des sciences du livre qui réunit et coordonne les règles

résolue; être décidé à réussir, à triompher des difficultés. — La persévérance: achever ce qu'on a commencé. — La continuité: l'uniformité dans les efforts, la régularité. — La concentration dans le travail. — L'enthousiasme qui n'est autre chose que l'intérêt intensifié; le « feu sacré ». — L'ambition: désirer intensément atteindre un résultat c'est se rapprocher du résultat. — La largeur de vue: tolérance, curiosité intellectuelle, désir de progrès.

Le Bibliothécaire remplira son rôle social en faisant remplir pleinement sa fonction à la Bibliothèque elle-même. Il sera un agent actif de la culture intellectuelle dans son milieu. Il aura l'amour de son métier et sera l'auxiliaire de la science le «*Servus Servorum Scientiœ*». Le « Serviteur des Serviteurs de la Science ». Il aura aussi l'amour du progrès de sa Bibliothèque: enrichir toujours ses collections, perfectionner leur agencement, les faire connaître, les faire utiliser.

413. **Formation professionnelle.**

Le Bibliothécaire acquerra une formation professionnelle. Ce sera le résultat de la fréquentation d'un cours de bibliothèque, d'exercices pratiques, éventuellement d'un stage, et toujours de lectures. En Belgique, des examens ont été organisés. En 1897, pour les candidats bibliothécaires à la Bibliothèque Royale; en 1910, pour les candidats bibliothécaires pour les Universités de l'Etat; en 1921, pour les candidats bibliothécaires des Bibliothèques publiques. Pour ces derniers, des cours sont organisés par l'Etat et par des Institutions privées. Les diplômes officiels sont délivrés par les Jurys d'examens institués par l'Etat. La formation du Bibliothécaire, une fois commencée, il aura à la continuer indéfiniment car il aura à se perfectionner et à se tenir au courant.

Le Bibliothécaire suivra le mouvement universel en faveur des bibliothèques. Il suivra ce mouvement en Belgique mais aussi dans le monde, notamment en Amérique, en Angleterre, en Italic, en France, en Allemagne, dans les Pays Scandinaves et tout près de chez lui en Hollande et en Suisse. Il aura à cœur que la Bel-

relatives aux Bibliothèques; elle fait application des principes de la Bibliologie et de la Bibliographie à des collections de livres déterminées.

422. **Organisation des sciences bibliologiques.**

Comme tous les ordres d'études, les sciences du livre possèdent une organisation et des institutions appropriées. Cette organisation qui est encore fort incomplète mais en voie de réalisation progressive doit comprendre ensemble : 1° des recherches scientifiques en vue de perfectionner la théorie et la synthèse scientifique du livre; 2° des applications qui s'expriment sous forme de méthode, de systèmes et de règles généralement adoptées à ces fins; 3° des institutions, associations et congrès; 4° un enseignement élémentaire et supérieur; 5° des publications spéciales (traités et périodiques) ; 6° des établissements types, administrations officielles chargées de promouvoir au progrès du livre. — Toute cette organisation tend à être réalisée au degré local, régional, national et international.

423. **Institutions du Livre en Belgique.**

1. *Administration.* — Le service des Bibliothèques publiques dépend de l'Administration des Sciences et des Lettres, Ministère des Arts et des Sciences.

2. *Bibliothèques.* — Bibliothèque Royale, Bibliothèques des Académies, des Universités (Bruxelles, Gand, Liége, Louvain), des établissements scientifiques de l'Etat; Bibliothèques des grandes villes; Bibliothèque Collective Internationale (Palais Mondial).

3. *Associations.* — Association des Archivistes et Bibliothécaires de Belgique. Association du Musée du Livre (Fédération de 38 groupes). Société des bibliophiles et des iconophiles. Section belge de l'Institut International de Bibliographie.

(Consultez l'Almanach royal, les Annuaires administratifs et l'Annuaire de la Belgique scientifique, artistique et littéraire 1908).

424. Devoir scientifique du Bibliothécaire.

Toutes les professions, des plus humbles aux plus élevées, ont un double devoir scientifique. 1° La pratique de chacun de ceux qui les exercent doit s'appuyer sur la science qui fonde la profession. 2° Chacun aussi doit s'efforcer d'apporter, à la science commune, une contribution d'observation, de réflexion, d'expérience, d'invention. Une conception scientifique de la profession élève et agrandit : elle fait sortir de l'isolement et « socialise » l'intelligence.

43. L'ORGANISATION GENERALE DU LIVRE.

431. Principes.

L'époque actuelle est caractérisée par un mouvement intense de production des Livres et des Périodiques, par la concentration des collections avec une multiplication corrélative des salles de lecture et des postes de délivrance au public, par un développement de la lecture dans toute la masse sociale. La tendance s'accuse aussi de plus en plus vers la coopération sans laquelle ces autres mouvements seraient impossibles.

Il est nécessaire de réaliser la coopération des Bibliothèques entr'elles et avec les organismes du monde du Livre. On est conduit actuellement à concevoir une organisation générale et d'ensemble du Livre. Les buts doivent être placés en première ligne de telle sorte que ce soient les fonctions, individuelles et sociales, qui conditionnent toujours les efforts et non pas les organismes et les agents. Ceux-ci, par discipline logique et volontaire, ont à se subordonner aux buts.

432. Degrés dans l'organisation.

L'organisation a plusieurs degrés :

1°) Au premier degré la coopération est locale ou régionale. Ce sont les Bibliothèques et les services du Livre d'une même ville, arrondissement ou province qui organisent entr'eux des rapports et des services communs : Fonds de prêt circulant; Fédération, Système central avec Succursales ou branches.

2°) Au deuxième degré c'est l'ensemble des Bibliothèques d'un même pays, générales ou spéciales, élémentaires ou développées, que l'on considère comme les organes d'un service général dont les méthodes de travail sont unifiées et dont les ramifications sont étendues à tout le territoire national. On établit un vaste service public chargé de pourvoir à l'alimentation intellectuelle de la masse, au plus vite et au mieux. Ce service met à la disposition des plus aptes à s'en servir des collections qui en définitive sont destinées à la collectivité tout entière et qui lui appartiennent, quelque nom que portent les institutions qui la représentent (système national des Bibliothèques et de la lecture publique). Dans une telle organisation, les institutions centrales nationales de chaque pays deviennent comme le cœur et le cerveau même de l'organisme dans lequel s'accumulent, circulent, s'échangent et s'utilisent les livres. C'est là que se centralisent les opérations, a) du collectionnement des ouvrages à l'intervention de la Bibliothèque nationale, b) du catalogue collectif, à l'intervention des Services de Bibliographie et de Catalogue, c) des expéditions, à l'intervention du Service des échanges.

3° Au degré plus élevé encore, les frontières administratives des Etats tombent devant le fait de l'universalité de l'Idée et du Savoir. Les échanges intellectuels se font internationaux et le besoin s'affirme de Bibliothèques centrales qui réuniraient l'intégralité des écrits sur une même science. La Bibliothèque mondiale, somme de telles bibliothèques spéciales, apparaît ainsi comme l'Archivium général de l'Humanité. Le Répertoire Bibliographique Universel tend à en devenir le Catalogue réel, après n'avoir été longtemps que le Catalogue d'une Bibliothèque universelle purement idéale. Enfin on envisage le Prêt international des ouvrages et le Système international des échanges. Le mouvement en faveur de l'internationalisation des sciences et des grands travaux, la création des institutions internationales qui, en se multipliant, multiplient aussi les bibliothèques annexes, les facilités données par la reproduction typographique et photomécanique des ouvrages, la transmission de la pensée à distance par la poste et par le télégraphe ou le téléphone, avec et sans fil, ces faits autorisent d'entrevoir dans l'avenir semblable organisation du Livre et de la Documentation. C'est celle à laquelle travaille l'Institut International de Bibliographie en coopération avec les Associations Internationales installées et représentées au Palais Mondial.

433. Mesures pratiques d'organisation.

La réalisation de telles conceptions n'est possible qu'en développant l'esprit et la pratique de la discussion, de la coopération, de l'association, de la fédération à tous les degrés : Le groupement doit s'opérer entre les organismes eux-mêmes (Fédération de Bibliothèques), il doit s'opérer aussi entre les personnes qui les dirigent : (Association de Bibliothécaires), tout en maintenant l'autonomie essentielle, source du progrès individuel. Il faut combattre sans cesse le manque d'idées générales, l'absence de plans d'ensemble, de méthodes unifiées et standardisées, le défaut d'entente et d'action concertée. En général, ce ne sont pas les ressources qui manquent, mais la volonté de les utiliser rationnellement et avec coordination. Les questions de personne jouent un trop grand rôle au détriment de l'intérêt public. Dans un même pays les mesures d'organisation doivent émaner simultanément de la périphérie (chaque bibliothèque en particulier) et du Centre (le Gouvernement et les organismes nationaux). Les deux mouvements doivent se rejoindre et un courant de vie doit s'établir dans les deux sens.

434. Mesures d'organisation à prendre par les Bibliothèques elles-mêmes.

On peut suggérer notamment les mesures suivantes :

1°) Entente entre Bibliothèques locales pour l'achat de livres afin de ne pas acquérir les mêmes ouvrages et éviter les doubles à côté des lacunes.

2°) Entente pour le prêt de certains ouvrages.

3°) Entente pour l'établissement d'un catalogue collectif.

4°) Centralisation du patrimoine bibliographique de la Cité, substituée à l'éparpillement actuel : bibliothèques scolaires embryonnaires, bibliothèques de cercles, d'associations d'études, d'établissements ou institutions publiques, etc. La réunion de ces collections, souvent oubliées ou ignorées de la plus grande partie du public, et leur administration commune dans les conditions du nouveau régime légal. permettront de remettre dans la circulation un nombre considérable de livres. Un procédé qui, à cet égard, élude bien des obstacles, c'est la prise en simple dépôt des fonds de livres appartenant à des tiers organismes, voire à des particuliers. L'exemple a été donné de haut par la Bibliothèque Collective constituée à Bruxelles sur cette base (Bibliothèque Internationale). Sans demander aucune aliénation de propriété à personne, elle a réuni après quelques années des collections se chiffrant par 68 fonds distincts et 120,000 volumes.

5°) Effort de la Bibliothèque pour devenir le centre des œuvres post-scolaires comme l'Ecole est le centre des œuvres scolaires. (Maison de Tous. Voir les publications de l'Association française qui porte ce nom et la première réalisation en Belgique, à Trazegnies: *Mouvement Communal,* 1922, p. 173).

6° Effort de la Bibliothèque pour devenir le dépôt de la documentation des œuvres qui font des propagandes sociales et pour les aider dans leur action. (Ex. : Croix-Rouge, antialcoolisme, lutte contre la tuberculose et les maladies vénériennes, protection des animaux, protection des sites et des monuments, habitations à bon marché, assurances et mutualité, enseignement professionnel, culture du beau, etc.)

7°) Développement de la Bibliothèque dans le sens d'un office de documentation maintenu en rapport avec les plus grands organismes de la Documentation et de la Bibliographie et servant d'intermédiaire entr'eux et les lecteurs.

8° Coopération aux Services nationaux de prêt, d'échange, de catalogue collectif, de Bibliographie.

9°) Union des diverses œuvres de lectures publiques par ville ou par région en vue d'entreprendre certaines propagandes communes ; commission permanente locale et régionale, organisme de conférences, de propagande ; réunion des Bibliothécaires se communiquant leurs expériences et s'entendant pour coopérer.

435. Mesures d'organisation à prendre au Centre.

Parmi les mesures en voie de réalisation ou proposées on peut noter les suivantes :

1°) Administration centrale des Bibliothèques (Ministère des Sciences et des Arts). Direction, Bulletin, Inspecteurs.

2°) Conseil supérieur des Bibliothèques, étendant son action coordinatrice sur toutes les questions d'organisation nationale du livre, de la lecture et de la Bibliographie.

3°) Service Central de Bibliothèques circulantes. Le Comité Central des œuvres de lectures populaires, créé au cours de la guerre, avait en 1921, relevé de leurs ruines 182 bibliothèques détruites, distribué 30,000 volumes à 1,525 bibliothèques et fondé 1,031 bibliothèques nouvelles dont 766 dans les localités qui n'en possédaient pas auparavant; ce Comité a mis en circulation 1,224 caisses de cent volumes.

4° Bibliothèque postale intercommunale (Projet élaboré par le Musée du Livre). Fonds central de livres, comprenant entr'autre une collection d'ouvrages scientifiques de premier ordre. (Telle la Bibliothèque circulante des sciences à Londres.) Possibilité pour tout habitant du royaume de recevoir des ouvrages en prêt par l'intermédiaire de la poste et moyennant une garantie consistant éventuellement en une simple inscription sur le carnet de caisse d'épargne.

5°) Services centraux d'achat de livres, de catalogage et même d'édition coopérative.

6°) Création d'une Société nationale des Bibliothèques avec l'intervention de l'Etat, des Provinces et des Communes et s'efforçant de réaliser les objets décrits au 4° et au 5° ci-dessus.

7°) . Solution radicale donnée au problème du livre en décidant que l'Etat pourvoira chaque commune d'une collection d'ouvrages fondamentaux, achetés et catalogués en une fois pour tous et maintenue à hauteur de besoin par des compléments annuels. Avantages : économie dans les achats et dans les travaux d'élaboration; action de masse immédiate.

(Voir base organique du projet dans le *Mouvement Communal*, juillet 1922, p. 133.)

Le système suisse comporte des magasins centraux d'approvisionnement où l'on forme des bibliothèques ambulantes de composition générale, à l'usage des collectivités et d'où l'on envoie pour les besoins particuliers des individus, les livres dont ils ont besoin.

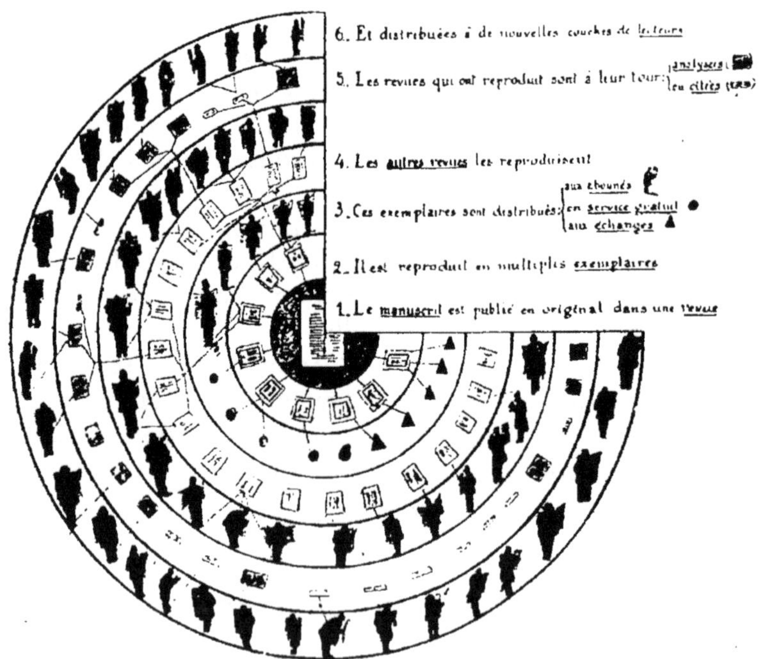

Comment s'opère la diffusion des publications dans des cercles de plus en plus étendus.

APPENDICES.

I. — LECTURES A FAIRE, SOURCES A CONSULTER.

Le Livre en général.

OTLET, Paul. — a) La fonction et les transformations du livre. — b) Les aspects du livre. (Publications du « Musée du Livre », n°s VIII et XI.) — c) L'Avenir du Livre. — L'organisation internationale du Livre et de la Documentation (Publication de l'Institut International de Bibliographie).

EGGER. — Histoire du Livre.

BOUCHOT. — Le Livre.

ASSOCIATION DES BIBLIOTHECAIRES FRANÇAIS. — Bibliothèques, livres et librairies. 1912. (Recueil de Conférences, par divers.)

CIM, Albert. — a) Le Livre: Historique, fabrication, achat, classement, usage et entretien. b) Petit manuel de l'amateur de livres. (Résumé partiel de l'ouvrage précédent.)

MUSÉE DU LIVRE. — Recueil périodique (contient de nombreuses conférences sur le Livre), Bruxelles.

CANNONS, H.-G.-T. — Bibliography of Library Economy. 1876-1909. Russel Stanley. — (Liste très complète des ouvrages et articles parus dans les revues concernant le Livre et la Bibliothéconomie.)

Bibliothéconomie.

MAIRE. — Manuel du Bibliothécaire.

GRAESEL. — Manuel du Bibliothécaire (1902) traduit de l'allemand par Laude.

DARUTY de GRANDPRÉ. — Vade Mecum du Bibliothécaire.

COLSON, Oscar. — Instruction sommaire pour l'organisation et la réorganisation des bibliothèquess publiques. Liége 1921. — Liége, Math. Thome, 1911, 47 p.

(Cet ouvrage a été rédigé pour la députation permanente du Conseil Provincial de Liége. Conformité des méthodes de l'Institut International de Bibliographie. Il contient un abrégé des Tables de la classification décimale).

MOREL, Eugène. — La librairie publique. — Paris, Colin, 1910. (Ouvrage qui eut un grand retentissement en son temps et détermina un mouvement de rénovation en France. Critique très vive de la situation actuelle; Observation sur l'esprit qui doit présider à la réforme des Bibliothèques publiques; exemples empruntés à l'Angleterre et à l'Amérique.)

COYECQUES, E.. — 1°) Catalogue des Bibliothèques municipales de la ville de Paris. Introduction: Comment faire un catalogue. 2°) L'œuvre internationale d'organisation des Bibliothèques publiques : Belgique. Italie. Suisse. Etats-Unis. Angleterre. Introduction à la « Liste pour les nouvelles acquisitions (Année 1922) publiées par la Préfecture de la Seine. Bibliothèque Municipale de Paris.

PELLISSON, M. — Des bibliothèques populaires en France et à l'étranger. 1906.

GRÈVE, Dr H.-E. — Openbare leesmuseum en Volksbibliotheken. Amsterdam. 1906.

VAN MEEL, Jan. — Openbare boekerijen. (Anvers 1921).

BROWN, James Duff. — a) Manual of Bibliotheconomy. — (Ouvrage devenu classique en Angleterre). Exposé détaillé de la pratique des Bibliothécaires. b) The Small Library. Londres 1907. (Conseils sur la formation de petites bibliothèques de 200 à 5,000 volumes.) — c) Les Bibliothèques Municipales en Angleterre (1908) Publication de l'Institut International de Bibliographie.

BOTSTWICH, Arthur. — The American public library, 1910.

SAYERS, Berwich. — The Children's library (chap. XVIII, a select bibliography, p. 204-213).

BROWN & SAYERS. — The Manual of Library Economy, 4 vol. Londres, 1920 (ouvrage très important).

Lecture.

FAGUET, Emile. — Comment lire.

NYSSEN, Paul. — Comment lire et étudier avec profit.

DE BRANDIS, H. — Comment choisir nos lectures, Paris, Schleicher, 1912.

PREVOST, Marcel. — L'Art d'apprendre. Paris, Flammarion.

CHAVIGNY, Dr. — L'organisation du travail intellectuel.

ROUBAKINE, Nicolas. — Introduction à la Psychologie bibliographique. 2 vol. Paris, Povolozky. 1922.

Règlements des Bibliothèques.

Projet-type de Règlement des bibliothèques, élaboré par le Conseil Supérieur des Bibliothèques. *(Bulletin des Bibiothèques publiques,* mars 1922, p. 60.)

Voir les règlements de la Bibliothèque Royale et de la Bibliothèque de l'Académie Royale de Belgique.

Histoire des Bibliothèques.

NAMUR. — Histoire des Bibliothèques en Belgique.

Bibliographie.

a) *Consultation des grandes Encyclopédies :* Larousse, Grande Encyclopédie (éditée par Laurant), Encyclopedia britannica, Meyers Konversation-Lexikon, etc. On trouve des renseignements bibliographiques à la suite des articles.

b) *Bibliographies générales.*

Manuel de Bibliographie d'Henri Stein. (Cet ouvrage donne des indications générales sur les principales bibliographies, analyses, jugements, critiques.)

Liste des acquisitions des ouvrages destinés aux Bibliothèques Municipales de Paris, sous la direction de M. E. Coyecques. (Paraît annuellement. Constitue une liste des meilleurs ouvrages de l'année. Avec notes analytiques sur le contenu, la tendance et la destination des ouvrages.)

L'Encyclopédie de la lecture, publiée par la Bibliothèque choisie.

The Best Book (Sonnenschein).

L'outillage bibliographique de la Belgique, par Léon Losseau.

c) *Bibliographies nationales.*

En Belgique. — La Bibliographie de Belgique (paraît depuis 1875. — parties: livres, périodiques). — La Biographie Nationale : (Dictionnaire des Ecrivains Belges depuis 1830: (écrivains morts). — En cours de publication.

France. — Catalogue général de la librairie française de Lorenz: Bibliographie de la France (périodique). — Manuel du Libraire de Brunet.

e) *Editeurs-Libraires.* — Liste des libraires et éditeurs de Belgique publiée par le Cercle Belge de la Librairie. (Août 1921).

d) *Bibliographies scientifiques spéciales.*

Consulter les Bibliographies des Bibliographies, notamment dans Léon Vallée et le Manuel de Stein.

En Belgique : Pirenne: Bibliographie de l'Histoire de Belgique. — Somville, Bibliographie du Touring Club. — Collection des Répertoires d'ouvrages à consulter. (Van Oest, Editeur).

Encyclopédies.

Grand dictionnaire Larousse, Grande Encyclopédie (Lamirault), Encyclopedia britannica (Y lire les mots : Livres, Bibliothèques, Bibliographie, Imprimerie. — Book, Library, Printing, Bibliography, Catalogue.)

Revues Bibliothéconomiques.

Bulletin des bibliothèques publiques. Publié par le Ministère des Sciences et des Arts. Bruxelles. (Edition française et édition flamande.)

La Bibliothèque publique. (Emane du groupe de la *Bibliothèque choisie*. Bruxelles.)

Bulletin de l'Association des Bibliothécaires français.

Revue des Bibliothèques.

Revues de langue anglaise : The library; Library Assistant; Library Association Record; Library World; Public Libraries.

Publications de l'Institut International de Bibliographie.

1° Méthodes en général. Elles sont exposées: a) dans la collection dite « Publications »; b) dans le Manuel du Répertoire Bibliographique Universel qui contient une introduction générale ; c) dans le *Bulletin*.

2° Classification décimale. — Tables abrégées: Publication n° 152 de l'I. I. B. (Cette publication est destinée principalement au classement des petites et moyennes Bibliothèques. Les tables contiennent environ 1,500 divisions méthodiques avec un Index alphabétique d'environ 2,000 mots et un exposé de la classification en vingt règles. C'est un abrégé des tables générales complètes, actuellement en voie de réédition).

3° Règles catalographiques. — a) Règles pour la rédaction des notices bibliographiques.

b) Règles catalographiques internationales. (Traduction et adaptation des règles américaines et anglaises adoptées par les Associations de Bibliothèques des Etats-Unis et d'Angleterre. Ces règles ont été incorporées dans les méthodes internationales de l'I. I. B. et concernent le classement du répertoire alphabétique.)

4° Catalogue de la section du Livre du Musée International (Palais Mondial, Parc du Cinquantenaire. — Bien que ces collections aient reçu des développements très étendus depuis sa publication, ce catalogue constitue une bonne initiation à l'examen didactique des objets exposés.)

5° Annuaire de la Belgique scientifique, artistique et littéraire. (Contient un relevé descriptif des Bibliothèques de Belgique.)

II. — EXERCICES A FAIRE.

Les matières du cours peuvent donner lieu à des exercices pratiques. Ils sont destinés à développer l'habileté professionnelle.

Exercices. — Indiquer ici les exercices en détail serait s'exposer à une répétition. Les exercices porteront principalement sur les points suivants : Catalogue, classification, mise en place sur les rayons, prêt.

Les exercices peuvent se faire au cours d'un stage pratique dans une bibliothèque, ou bien dans des séances communes, ou bien individuellement chacun opérant et répétant à la manière dont se font les exercices dans l'étude de la musique, dans l'étude de la sténographie et de la dactylographie, dans l'étude des métiers. Des exercices pratiques, en effet, peuvent se faire par chacun à part soi. Par exemple : Mettre en ordre une bibliothèque; cataloguer une bibliothèque; cataloguer les livres dont on dispose; dresser une bibliographie sur un sujet spécial; mettre en ordre classé des fiches déjà rédigées, etc.

La réalisation des opérations peut aussi n'être pas matérielle et s'effectuer simplement en esprit, en se souvenant et en y réfléchissant.

Elaboration d'un Manuel.— L'exercice pratique par excellence c'est l'élaboration de notes prises au cours des leçons, des lectures et des visites. A cette fin on forme soi-même un petit « Manuel du Bibliothécaire ». On y insère notamment tous les modèles dont on peut obtenir les planches ou facsimile, en ayant soin de prendre les notes sur feuilles mobiles susceptibles d'être complétées en tous temps et de s'accroître dans la suite par les observations et expériences personnelles. Les notes sont réunies et classées en un dossier divisé en sous-dossiers s'il y a lieu. La formation d'un tel manuel est une excellente préparation à l'examen; c'est aussi un moyen d'avoir toujours à sa disposition un aide mémoire et un conseiller pour la pratique de la profession.

Stage. — Un stage pratiqué dans une Bibliothèque est conseillable. L'Institut International de Bibliographie reçoit les stagiaires et a organisé pratiquement le cycle de leurs études, en combinant un travail utile à ses collections et un enseignement autodidacte avec les cours organisés par lui ou donnés avec sa collaboration.

III. — VISITES A FAIRE.

Les visites complètent le cours. Elles offrent les choses à la vue directe; elles procurent à l'esprit les images « réelles », nécessaires aux explications verbales et à toute théorie. — Les visites peuvent se faire collectivement ou individuellement. Souvent les visites individuelles sont plus fructueuses que celles effectuées en grand nombre. — De petits établissements dirigés par des hommes compétents et obligeants offrent des éléments de démonstrations qui, fréquemment, peuvent dispenser de la visite de grands établissements. Celle-ci cependant doit toujours être conseillée. — Le voyage d'études à l'étranger complète les visites sur place.

Principales visites :

a) *Technique du livre.*

Ateliers d'imprimerie, de lithographie, de photogravure, de reliure; installation d'un grand journal, installation d'une maison d'édition, d'une grande librairie d'assortiment, d'une librairie ancienne (antiquariat, bouquiniste). Visite du Musée Plantin, à Anvers, célèbre Monument de l'Histoire de l'Imprimerie. Visite de la Maison du Livre (Bruxelles) où se succèdent constamment des expositions avec conférences.

b) *Bibliothèques.*

Bibliothèque Royale. Une Bibliothèque administrative (Ex. : Ministère de la Justice). Une Bibliothèque scientifique (Ex. : Institut de Sociologie Solvay). Une Bibliothèque communale (Ex. : Bibliothèque de Schaerbeek). Une Bibliothèque pour enfants. (Ex. : L'Heure Joyeuse, rue de la Paille). Une Bibliothèque circulante par abonnement. (Bibliothèque Choisie, rue des Paroissiens; Bibliothèque Universelle.)

c) *Services nationaux de Bibliographie et Documentation.*

Service de la Bibliographie de Belgique; Offices ministériels de Documentation. (Par ex.: Colonies.)

d) *Services internationaux.*

Les services du Livre au Palais Mondial (Parc du Cinquantenaire) : Institut International de Bibliographie; Bibliothèque Internationale ; Encyclopédie documentaire; Institut International de Photographie; Musée International de la Presse; Sections du Livre et des méthodes documentaires du Musée International qui présentent un riche matériel d'étude ordonné selon une méthode didactique.

IV. — LEGISLATION BELGE.

A) Résumé de la loi et des arrêtés relatifs aux bibliothèques publiques.

I. — Des bénéficiaires de la loi.

1. — Sont admises au bénéfice de la loi, à condition d'en faire la demande et de se soumettre à ses prescriptions :

a) Les bibliothèques *communales*, c'est-à-dire organisées et administrées par les administrations communales.

1° Toute commune peut, selon les besoins, créer une ou plusieurs bibliothèques communales;

2° Toute commune doit en créer une sur demande d'électeurs représentant un cinquième du corps électoral; dans ce cas la bibliothèque doit être organisée et ouverte dans les trois mois qui suivent la date du dépôt de la demande. (Arrêté royal du 19 octobre 1921, art. 11) ;

3° La commune ne peut supprimer la bibliothèque que par la décision du conseil communal approuvée par le Roi. (Loi du 17 oct. 1921, art. 5.)

b) Les bibliothèques *adoptées* par les communes :

1° Toute commune peut, selon les besoins, adopter une ou plusieurs bibliothèques déjà existantes;

2° L'adoption ne peut être retirée que par décision du conseil communal approuvée par le Roi. (Loi du 17 oct. 1921, art. 5.)

N. B. — Si les besoins d'une commune ne justifient pas une bibliothèque propre, deux ou plusieurs communes peuvent s'unir pour créer une bibliothèque intercommunale. (Loi du 17 oct. 1921, art. 3.)

c) Les bibliothèques *libres*, c'est-à-dire organisées et administrées par des particuliers.

II. — *Conditions d'admissibilité des bibliothèques.* (Loi du 17 oct. 1921, art. 3.)

Les trois catégories ci-dessus peuvent être admises au bénéfice de la loi si elles réunissent les conditions suivantes :

1° Etre installées dans un local convenable ; celui-ci doit, notamment, porter sur sa façade en un endroit apparent : Bibliothèque ouverte (jours et heures). Entrée libre. (Arrêté royal du 19 oct. 1921, art. 2) ;

2° Posséder un minimum de livres. (Ne sont pas considérés comme livre, les feuilles volantes, numéros de publications périodiques et brochures de moins de 64 pages.) (Arrêté royal du 19 oct. 1921, art. 4.)

a) Fixation du minimum de livres et de prêts :

100 livres pour les communes de moins de 1,000 habitants ;

300 livres pour les communes de 1,000 à 10,000 habitants ;

800 livres pour les communes de 10,000 habitants et plus.

Le minimum doit être porté à 300, 800 et 1,500, cinq ans après la reconnaissance par l'Etat. (Arrêté royal du 19 oct. 1921, art. 3.)

b) Justification de la présence du minimum :

1° Par production du catalogue ;

2° Par déclaration du bibliothécaire certifiée exacte par le bourgmestre, les éléments de preuve sont soumis au contrôle de l'inspection. (Arrêté royal du 19 oct. 1921, art. 4.)

3° Effectuer un minimum de prêt :

a) Fixation du minimum :

Mêmes chiffres que pour le minimum de livres (voir plus haut).

Est comptée comme prêt, la communication d'un livre à la salle de lecture. (Arrêté royal du 21 oct. 1921, art. 5.)

b) Justification de la présence du minimum :

1° Par documents ;

2° Par déclaration du bibliothécaire certifiée conforme par le bourgmestre.

Sanction : Toute déclaration fausse sur le nombre de volumes ou de prêts entraîne le retrait de la reconnaissance. (Arrêté royal du 19 oct. 1921, art. 5.)

4° Etre accessible à tous.

La façade de la bibliothèque doit porter la mention : Bibliothèque ouverte .... (Entrée libre). L'accès du local ne peut être réservé ni aux membres d'un groupement quelconque, ni aux seuls habitants de la commune. (Arrêté royal du 19 oct. 1921, art. 2.)

5° Etre gratuite, sauf une légère perception pour les prêts à domicile.

Cette perception peut s'élever à 10 centimes par livre et par quinzaine ; toutefois, le produit de cette taxe doit être consacré uniquement à la conservation des livres ou à l'acquisition de livres nouveaux. (Arrêté royal du 19 oct. 1921, art. 6.)

Exception : Pour les livres d'une valeur supérieure à la moyenne, une taxe plus élevée peut être fixée après approbation du service d'inspection. Elle doit être affichée dans un endroit apparent de la bibliothèque.

6° Se soumettre à l'inspection de l'Etat.

Le service d'inspection se compose d'un inspecteur général et d'inspecteurs en nombre variable. (Arrêté royal du 19 oct.. 1921, art. 3.)

Chaque bibliothèque est visitée au moins une fois par an. (Arrêté royal du 18 oct. 1921, art. 3.)

En cas de demande d'agréation, le service d'inspection visite la bibliothèque et dépose son rapport. Si celui-ci est défavorable, il est communiqué à la bibliothèque intéressée, qui peut en appeler au Conseil supérieur des bibliothèques. Celui-ci remet un rapport au Ministre, qui statue. (Arrêté royal du 18 oct. 1921, art. 5.)

Le service d'inspection fait en outre tous les efforts utiles en vue de l'amélioration et du développement des bibliothèques. (Arrêté royal du 18 oct. 1921, art. 4.)

7° Etre gérées par un ou une bibliothécaire de nationalité belge, possédant un certificat d'aptitude.

Pour cette dernière condition, deux sortes d'exceptions sont prévues :

1° Par arrêté ministériel;

2° De plein droit, en faveur :

a) Des porteurs d'un diplôme d'enseignement supérieur;

b) Des porteurs d'un diplôme d'études moyennes supérieures;

c) Des porteurs d'un diplôme d'enseignement normal primaire.

(Seulement pour les trois années qui suivront la promulgation de la loi.)

Des cours et examens pour candidats bibliothécaires sont organisés au Ministère des Sciences et des Arts. (Arrêté royal du 19 oct. 1921, art. 13 et 14.)

Les candidats doivent être âgés de dix-neuf ans au moins. (Arrêté royal du 19 oct. 1921, art. 16.)

Les bibliothécaires sont nommés, suspendus, révoqués par les autorités qui administrent la bibliothèque. Leur traitement est fixé par elles. L'Etat intervient pour une certaine somme. (Arrêté royal du 19 oct. 1921, art. 17.)

8° Avoir au moins une séance de prêts par semaine dans les localités de moins de 3,000 habitants, deux séances dans les localités de 3,000 à 20,000, trois séances dans les autres.

III. — *Des subsides.*

1° L'Etat intervient dans le paiement du traitement des bibliothécaires à concurrence des indemnités suivantes :

a) Une séance de prêts par semaine : 150 francs, si le bibliothécaire possède un certificat; 75 francs dans le cas contraire;

b) Deux séances de prêts par semaine : 300 francs si le bibliothécaire possède un certificat; 225 francs dans le cas contraire;

c) Trois séances de prêts par semaine : 450 francs, si le bibliothécaire possède un certificat; 375 francs dans le cas contraire.

Condition : Pour que ce subside soit accordé, il faut qu'il y ait deux séances de prêts de deux heures au moins dans les communes de 3,000 à 20.000 habitants, et de trois heures dans les communes de plus de 20,000 habitants. (Arrêté royal du 19 oct. 1921, art. 17.)

2° L'Etat intervient sous forme de dons de livres et publications et sous forme de subsides en argent. (Arrêté royal du 19 oct. 1921, art. 19.)

Ces derniers ne sont accordés que dans des cas exceptionnels. (Arrêté royal du 19 oct. 1921, art. 22.)

Léon JAUMOTTE.

B) Questionnaire pour l'admission au bénéfice de la loi.

MINISTERE DES SCIENCES ET DES ARTS

Bibliothèques Publiques

Province de .... *Commune de* ....

Ressort d'Inspection n° ....

I. — BIBLIOTHEQUE.

Date de sa fondation	....
Dans quel local est-elle installée ?	....
Possède-t-elle une salle de lecture ? ...	....
Est-elle communale, adoptée ou libre ?	....
Comment et par qui est-elle dirigée ? ...	....
Accepte-t-elle l'inspection de l'Etat ? ...	....
Est-elle gratuitement (1) et sans formalités accessible à tout le monde ?	....
Si oui, y a-t-il, en un endroit apparent de la façade, une inscription annonçant cet accès libre et gratuit ?	....
De quelles ressources dispose la bibliothèque en dehors de l'intervention de l'Etat ?	....

(1) Pour des prêts au dehors, la perception d'une taxe maxima de 10 centimes par livre et par quinzaine est autorisée.

V. — CONCORDANCES ET REFERENCES.

A) SOMMAIRE DU PROGRAMME OFFICIEL des examens de candidats bibliothécaires.

On a indiqué ci-après la concordance entre le Programme officiel, le Plan du Manuel d'une part, et les indices que portent les questions dans la Classification décimale. L'indication de ces indices facilitera la consultation des sources, dans les collections de l'Institut International de Bibliographie.

PROGRAMME OFFICIEL		
I. — La Lecture	12	028
II. — Les Bibliothèques publiques	215	027
III. — Le Bibliothécaire	41	023.4
La Bibliographie	13	01
IV. — Edition	11	655
V. — Le Livre	11	002
VI. — Budget	338	025.11
VII. — Choix des Livres	241	028.2
VIII. — Classement	253	025.4
IX. — Catalogue	252	025.3
X. — Local et matériel	23	022
XI. — Organisation	33	025.2
XII. — Règlement	233	024
XIII. — Prêts	26	025.6
XIV. — Salle de Lecture	231	022.5
XV. — Propagande	35	021.7

B) EXTRAIT DES TABLES DE LA CLASSIFICATION DECIMALE.

01 BIBLIOGRAPHIE.

01 (.) Science technique bibliographique.

011/9 Œuvres bibliographiques.

011 Bibliographies universelles.
012 Bibliographies individuelles d'auteurs.
015 Bibliographies par lieux d'édition des publications.
016 Bibliographies par sujets spéciaux.
017 Catalogues de Bibliothèques et de Libraires-Editeurs.

02 BIBLIOTHECONOMIE.

020/5 Science et technique des Bibliothèques en général.

021 Fondation, création et développement.
022 Locaux et installations.
023 Organisation et personnel.
024 Relations avec le public.
025 Administration, Services et opérations diverses.

026/7 Bibliothèques et collections de livres en particulier.

026 Bibliothèques d'après le sujet des ouvrages.
027 Bibliothèques d'après d'autres caractéristiques (lieu de situation, etc.).

VI. — CLASSIFICATION DECIMALE.

A) Table des Cent Divisions Principales.

0 Ouvrages généraux.

01 Bibliographie.
02 Bibliothéconomie.
03 Encyclopédies générales.
04 Collections génér. d'essais.
05 Revues et périodiques génér.
06 Sociétés et Académies gén.
07 Journaux. Journalisme.
08 Polygraphies.
09 Manuscrits. Livres précieux.

1 Philosophie.

11 Métaphysique.
12 Aut. matières de métaphys.
13 L'esprit et le corps.
14 Systèmes philosophiques.
15 Psychologie.
16 Logique.
17 Morale.
18 Philosophes anciens.
19 Philosophes modernes.

2 Religion.

21 Théologie naturelle.
22 Bible. Evangile.
23 Théologie dogmatique.
24 Pratique religieuse Dévotion.
25 Œuvres pastorales.
26 L'Eglise. Son organisation.
27 Histoire de l'Eglise.
28 Eglises et sectes chrétiennes.
29 Religions non chrétiennes.

3 Sciences sociales et Droit.

31 Statistique.
32 Politique.
33 Economie politique.
34 Droit.
35 Administration. Droit administratif.
36 Assistance. Assurance. Association.
37 Enseignement. Education.
38 Commerce. Transport. Communication.
39 Coutumes. Folklore.

4 Philologie.

41 Philologie comparée.
42 Philologie anglaise.
43 Philologie germanique.
44 Philologie française.
45 Philologie italienne.
46 Philologie espagnole.
47 Philologie latine.
48 Philologie grecque.
49 Autres langues.

5 Sciences naturelles.

51 Mathématiques.
52 Astronomie. Géodésie. Navigation.
53 Physique. Mécanique rationnelle.
54 Chimie et minéralogie.
55 Géologie.
56 Paléontologie.
57 Biologie. Anthropologie.
58 Botanique.
59 Zoologie.

6 Sciences appliquées.

61 Médecine. Art vétérinaire.
62 Sciences de l'ingénieur.
63 Agriculture.
64 Economie domestique.
65 Commerce. Transport.
66 Industries chimiques.
67 Manufactures.
68 Industries mécaniques et métiers.
69 Construction.

7 Beaux-Arts.

71 Architecture de jardins.
72 Architecture.
73 Sculpture. Numismatique.
74 Dessin. Décoration.
75 Peinture.
76 Gravure.
77 Photographie.
78 Musique.
79 Jeux. Sport. Divertissements.

8 Littérature.

81 Généralités.
82 Littérature anglaise.
83 Littérature germanique.
84 Littérature française.
85 Littérature italienne.
86 Littérature espagnole.
87 Littérature latine.
88 Littérature grecque.
89 Autres littératures.

9 Histoire et Géographie.

9 (3) Histoire ancienne.

Histoire moderne :
9 (4) Europe.
9 (5) Asie.
9 (6) Afrique.
9 (7) Amérique du Nord.
9 (8) Amérique du Sud.
9 (9) Océanie. Régions polaires.

91 Géographie et voyages.
92 Biographie.

B) INDEX ALPHABETIQUE

des divisions usuelles.

Académies	061
Acier (construction)	697.1
Administrat. publique	35
— locale	352
— régionale	353
— centrale	354
Aéronautique, Aérost.	629.13
Aéroplane	533.65
Afrique	(6)
Agriculture-Agronom.	63
Aiguille (Ouvr. à l')	746
Albums p^r enfants	087
Alcoolisme	178
Algèbre	512
Alimentation	614.95
Alphabet (Enseig.)	372.4
Alpinisme	796.52
Alsace et Lorraine	(44.38)
Amérique	
du Nord	(7)
du Sud	(8)
Ameublement d'art	749
— (indust.)	684.5
Anatomie	611
Anglais : Langue	42
— Littérature	82
Angleterre	(42)
Anthropologie	572
Antiquariat (catalog.)	017.43
Apiculture	638.1
Anvers (Prov. et ville)	(493.1)
Archéologie préhistor.	571
Archevêché (jur. eccl.)	262.3
Architecture	72
— ancienne	722
— civile	725
— industrielle	725.4
— religieuse	726
— funéraire	726.8
Armée-Art militaire	355
Art	7
Art (satirique)	741.5
Art industriel	745
Arts appliq., décorat.	745
Arts graph. (en gén.)	655
Arts chrétiens	246
Arts de la femme	746.4
Art du Chant	784.9
Art culin. (écon. dom.)	641
— dentaire	617.6
— épistolaire (fr.)	840.86
— du feu	738
— de l'ingénieur	62
— oratoire, diction.	808.5
— — rhétoriq.	808
— du potier	738
Art vétérinaire	619
Art et Moralité	176.7
Artillerie	358.1
Asie	(5)
Asie-Mineure	(56)
Assurances sociales	368.4
Assurances Maritimes	368.2
Assurance Coopérative	334.3
Assurances	368
Atlas, géographie	912

La Classification Décimale Universelle

La Classification décimale a été adoptée comme classification universelle internationale par les Congrès Internationaux de Bibliographie et de Documentation.

Il en est fait usage dans plus de dix mille organisations et travaux de 51 pays différents.

La nouvelle édition de la Classification Décimale a été mise à jour et fusionne, en une seule, les éditions antérieures, générales et partielles. L'ouvrage complet comporte deux volumes in-4°, double colonne, d'ensemble 1.900 pages comprenant environ 60,000 divisions systématiques et 60,000 mots références (Index alphabétique).

Le prix de souscription est de 100 francs suisses pour les 2 volumes reliés (forte reliure à charnières, dos et coins maroquin).

Il existe une édition résumée (brochure de 60 pages) au prix de 2 francs suisses.

Adresser les souscriptions à l'Imprimerie de l'Institut de Bibliographie (Van Keerberghen et Fils), 101, rue Piers, Bruxelles. Compte chèques postaux 26138.

Institut International de Bibliographie

CLASSIFICATION DÉCIMALE UNIVERSELLE

Table de Classification pour les bibliographies, bibliothèques, archives, administrations, publications, brevets, musées et ensembles d'objets, pour toutes les espèces de documentation en général et pour les collections de toute nature.

Indice décimal 025.45	1927-1930	Publication No 151

Liste des Publications de l'Union des Villes et Communes belges

---

N° 3. — **Règlement-type sur les bâtisses**, 148 pages .... fr. 10.—

N° 4. — **Model-verordering betreffende het bouwen**, 160 pages ... fr. 10.—

N° 5. — **Le lotissement des terrains à bâtir**, 154 pages .... fr. 10.—

N° 7. — La politique municipale de l'habitation, par A. BRODSKY, in-4° .... fr. 5.—

N° 12. — Conférence nationale de l'habitation (compte rendu)... fr. 5.—

N° 15. — Les Zones de Recul et les Règlements sur la bâtisse (supplément au Règlement-Type sur les bâtisses, publication N° 3) .... fr. 5.—

N° 16. — De strooken voor het achteruitbouwen en de verordering op het bouwen .... fr. 5.—

N° 17. — Manuel de la Bibliothèque publique, par P. OTLET et L. WOUTERS, 176 pages .... fr. 12.50

N° 19. — Manuel de la cinématographie scolaire et éducative, par SLUYS, 120 pages .... fr. 6.—

N° 20. — Répertoire des Œuvres et Services d'assistance, d'hygiène et de solidarité, par Ch. de GRONCKEL. Edition 1930 fr. 20.—

N° 21. — Manuel de la Documentation Administrative. - I. Principes Généraux, par Paul OTLET .... fr. 7.50

N° 22. — Les Tarifs du Gaz et de l'Electricité. Lois de 1919 et 1924. La notion de la charge extracontractuelle et la mission des experts, par A. DANDOIS, 32 pages .... fr. 5.—

N° 23. — Les administrations publiques et l'assurance. Caisses communes de pensions et d'assurance contre les accidents, par J. SEELIGER .... fr. 2.—

N° 24. — Règlement sur les quartiers ou cités-jardins .... fr. 5.—

N° 25. — L'Administration et l'Urbanisation des agglomérations, in 1°, 102 pages .... fr. 5.—

Revue mensuelle : « LE MOUVEMENT COMMUNAL » avec en annexe les « TABLETTES DOCUMENTAIRES MUNICIPALES ». Abonnement : 36 francs l'an; Etranger, 50 francs.

Revue mensuelle : « DE GEMEENTE » avec en annexe la « GEMEENTELIJKE DOCUMENTATIE ». Abonnement : 36 francs l'an; Etranger : 50 francs.

Liste des Publications de l'Union Internationale des Villes

Bruxelles — 3bis, rue de la Régence

A. — ACTES DES DIVERSES SESSIONS DU CONGRES INTERNATIONAL DES VILLES.

1re Session (Gand 1913).
Un volume grand in-8° de 720 pages . . . . **140 francs**

2me Session (Amsterdam 1924).
Un volume in-4°, double colonne, 190 pages . . . . **50 »**

3me Session (Paris 1925).
Trois volumes in-4°, double colonne, 790 pages . . . . . **140 »**

4me Session (Séville et Barcelone 1929).
Quatre volumes in-4°, double colonne, 936 pages . . . . . **240 »**

B. — REVUES.

Les Tablettes Documentaires Municipales.
Recueil mensuel contenant l'analyse des revues de tous pays traitant des matières municipales. Les notices sont indexées suivant la classification décimale universelle.
Paraissant depuis 1921. Collection complète . . . . . **280 francs**
Abonnement annuel . . . . **50 »**

Gemeentelijke Documentatie.
Edition néerlandaise des Tablettes Documentaires Municipales.
Abonnement annuel . . . . **50 »**

Kommunale Arbeit aller Länder.
Edition allemande des Tablettes Documentaires.
Abonnement annuel . . . . **50 »**

L'Administration Locale.
Revue ayant paru d'abord sous le titre de « Les Sciences Administratives ». Parait depuis 1925. Abonnement annuel, avec, en supplément, les Tablettes Documentaires Municipales . . . . **100 francs**

C. — OUVRAGES.

Le Régime Municipal dans les divers pays, par **M. G. Montagu-Harris.** (Extr. des Actes du IIIe Congrès International des Villes. Paris 1925, comprenant, en outre, les rapports des divers pays sur la même question).
Un volume in-4° de 320 pages, double colonne . . . . **50 francs**

Le Gouvernement Local aux Etats-Unis d'Amérique, par **Jules Lespes.** Ouvrage subsidié par la Fondation Universitaire. In-4° double colonne, 212 pagees . . . . **50 francs**

l'âge de l'acier!
LES MEUBLES ET CLASSEURS EN ACIER
RONEO
RONEO
MAISON HERINCX S.A.

BIBLIOTHEQUE NATIONALE DE FRANCE

www.ingramcontent.com/pod-product-compliance
Ingram Content Group UK Ltd.
Pitfield, Milton Keynes, MK11 3LW, UK
UKHW022023170726
13837UKWH00001B/367

9 782329 206981